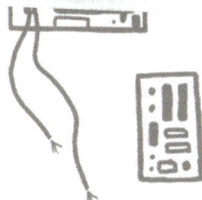

어린이 직업 아카데미 ④
엔지니어

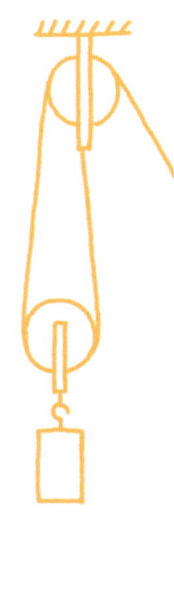

글 스티브 마틴

영국에서 선생님을 하다가 어린이를 위한 책을 쓰기 시작했고, 오랫동안 많은 작품 활동을 했어요.
이 시리즈는 학교에서 어린이들을 가르칠 때 직업의 세계를 새롭게 전달해 줄 방법을 고민했던 작가가
전문가들의 의견을 참고하여 만들었어요.

그림 나스티아 슬렙소바

우크라이나에서 활동하는 일러스트레이터예요. 재미있고 독특한 그림으로 많은 사랑을 받고 있지요.
어린이책과 게임, 잡지에 그림을 그리며 전시 활동을 하고 있어요.

옮김 및 추천 한경희

우리나라의 공학 교육에 애정을 갖고 연구하는 기술사회학자예요. 연세대학교 공과대학 공학교육혁신센터의 교수로 있어요.
쓴 책으로는 《엔지니어들의 한국사》가 있어요.

어린이 직업 아카데미④ 엔지니어

초판 1쇄 발행 2017년 12월 20일 | **초판 2쇄 발행** 2019년 5월 15일
글 스티브 마틴 | **그림** 나스티아 슬렙소바 | **옮김** 한경희
펴낸이 홍석 | **전무** 김명희 | **편집부장** 이정은 | **편집** 차정민·이선아 | **디자인** 김명희 | **마케팅** 홍성우·이가은·홍보람·김정선·배일주 | **관리** 최우리
펴낸곳 도서출판 풀빛 | **등록** 1979년 3월 6일 제8-214호 | **주소** 서울특별시 서대문구 북아현로 11가길 12 3층 (북아현동, 한일빌딩)
전화 02-363-5995(영업) 02-362-8900(편집) | **팩스** 02-393-3858 | **전자우편** kids@pulbit.co.kr | **홈페이지** www.pulbit.co.kr

ISBN 979-11-6172-023-4 74080
ISBN 978-89-7474-718-3 (세트)

이 도서의 국립중앙도서관 출판예정도서목록(CIP)은 서지정보유통지원시스템홈페이지(http://seoji.nl.go.kr)와
국가자료공동목록시스템(http://www.nl.go.kr/kolisnet)에서 이용하실 수 있습니다.(CIP제어번호: CIP2017019122)

Engineer Academy by Steve Martin and Nastia Sleptsova
First published in the UK in 2017 by Ivy Kids at Ovest House 58 West Street, Brighton BN1 2RA, United Kingdom
Copyright © 2017 Ivy Kids, an imprint of Ivy Press Limited All rights reserved.
Korean translation rights arranged with Quarto Publishing Plc, for its Imprint The Ivy Press through Amo Agency, Korea.

이 책의 한국어판 저작권은 AMO 에이전시를 통해 저작권자와 독점 계약한 도서출판 풀빛에 있습니다.
신 저작권법에 의해 한국 내에서 보호를 받는 저작물이므로 무단 전재와 무단 복제를 금합니다.

*파본이나 잘못된 책은 구입하신 곳에서 바꿔드립니다.

제품명 아동 도서 | **제조년월** 2019년 5월 15일 | **사용연령** 8세 이상
제조자명 도서출판 풀빛 | **제조국명** 대한민국 | **전화번호** 02-363-5995
주소 서울 서대문구 북아현로 11가길 12 3층 (북아현동, 한일빌딩)
KC마크는 이 제품이 공통안전기준에 적합하였음을 의미합니다.

 주 의
종이에 베이거나 긁히지
않도록 조심하세요.
책 모서리가 날카로우니
던지거나 떨어뜨리지 마세요.

혼합
신뢰할 수 있는
원천의 종이
FSC® C016973

어린이 직업 아카데미 ④
엔지니어

스티브 마틴 글

나스티아 슬렙소바 그림

한경희 옮김

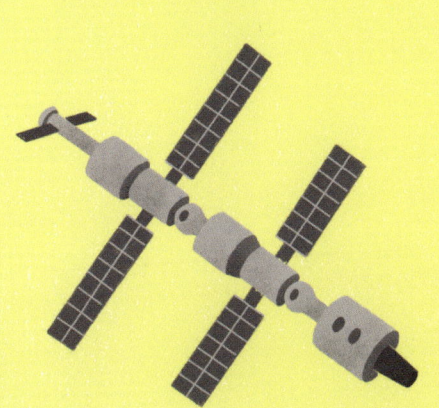

차례

엔지니어 아카데미에 오신 걸 환영합니다! 6
엔지니어를 만나 볼까요? 8

기계 엔지니어

지렛대 10
도르래 12
바퀴를 굴려요 14
기어 16
엔진 18

항공 우주 엔지니어

공기의 흐름 20
콘도르 비행기 22
제트 엔진 24
발사! 26

로봇 엔지니어

로봇 28
로봇팔 30
센서 32

에너지 엔지니어
가정에서 사용하는 전기 **34**
전기 회로 **36**
발전소 **38**
전기를 한눈에 살펴보아요 **40**
광물 캐기 **42**
원자력 **44**

대체 에너지 엔지니어
바람의 힘을 이용한 풍차 **46**
물의 힘을 이용한 물레방아 **48**
오늘날의 풍력과 수력 **50**
태양 에너지 **52**

재료 엔지니어
재료의 성질 **54**
여러 가지 금속 **56**
튼튼한 탑을 쌓아요 **58**
마찰력 **60**

부록
스티커
게임말
활주로 경주 게임 카드
위대한 발명품 포스터
활주로 경주 게임
입체 풍차 모형 만들기

엔지니어 아카데미에 오신 걸 환영합니다!

엔지니어 아카데미에 입학한 걸 축하합니다!

엔지니어는 엔진, 기계, 로봇처럼 일상생활에 쓰이는 물건을 설계하고 만드는 일을 해요. 고장이 나면 수리하는 일도 하지요.

만약 엔지니어가 없다면 세상은 어떻게 될까요? 전등이나 보일러가 없는 어둡고 추운 집에 살아야 할지도 몰라요. 컴퓨터나 전화기, 텔레비전이 없이 심심하게 살아야 할지도 모르고요. 자동차나 버스가 없어서 멀리 가지도 못할 거예요.

엔지니어들이 얼마나 중요한 일을 하고 있는지 알겠지요?

엔지니어 아카데미에서는 엔지니어가 되기 위해 필요한 것을 배울 거예요.

첫 번째 임무는 엔지니어 실습생 카드를
만드는 거예요.

엔지니어 실습생

이름 :

나이 :

입학 날짜 :

좋아하는 엔지니어 :

자, 지금부터 엔지니어 아카데미에서
흥미롭고 재미있는 훈련을 시작할 거예요.
모든 훈련을 마치면
멋진 엔지니어가 될 수 있어요!

엔지니어를 만나 볼까요?

엔지니어는 여러 분야에서 활동해요. 얼마나 많은 종류의 엔지니어가 있는지 알면 아마 깜짝 놀랄 거예요. 비행기나 로봇과 같은 기계를 만드는 엔지니어, 대체 에너지를 개발하는 엔지니어, 플라스틱이나 금속과 같은 재료를 연구하는 엔지니어도 있어요. 엔지니어 아카데미에서 다양한 엔지니어를 만나 보세요.

기계 엔지니어

기계 엔지니어는 기계를 만드는 전문가예요.
여러 가지 기계를 고칠 수 있고,
새로운 기계를 발명하기도 하지요.

항공 우주 엔지니어

항공 우주 엔지니어는 비행기를 설계하고,
만들고, 관리해요. 우주선과 인공위성에 대해
연구하기도 해요.

로봇 엔지니어

로봇 엔지니어는 로봇을 만들어요. 로봇이 인간을 위해 일할 수 있는 새로운 기술도 연구하지요.

에너지 엔지니어

에너지 엔지니어는 우리가 생활하는 데 필요한 에너지를 연구해요. 석탄을 캐는 광산에서 일할 수도 있고, 가스, 석유, 또는 원자력을 이용하는 발전소에서 일할 수도 있어요.

대체 에너지 엔지니어

대체 에너지 엔지니어는 바람이나 바다, 강, 태양 같은 자연에서 에너지를 얻는 방법을 연구해요. 고갈되지 않고 오랫동안 쓸 수 있는 에너지를 개발하지요.

재료 엔지니어

재료 엔지니어는 금속이나 플라스틱과 같은 여러 재료를 연구해요. 재료를 사용하는 새로운 방법을 연구하기도 하고, 서로 다른 금속을 섞어서 새로운 재료를 발명하기도 해요.

 ## 기계 엔지니어

지렛대

기계 엔지니어는 기계를 다루는 일을 해요.

기계는 우리가 일을 더 쉽게 할 수 있게 도와주는 도구예요. 기계를 이용하면 노력한 것보다 더 좋은 결과를 얻을 수 있어요. 지렛대를 예로 들어 볼까요? 지렛대를 이용하면 무거운 물건을 훨씬 쉽게 들어 올릴 수 있어요.

시소는 지렛대의 한 종류예요. 왼쪽 첫 번째 그림을 보세요. 두 소년이 아래로 내려간 걸 보니 두 소년의 몸무게가 소녀의 몸무게보다 무겁군요. 하지만 소년들이 시소의 가운데, 그러니까 지렛대의 받침점 쪽으로 움직이면 시소가 균형을 잡을 거예요. 두 번째 그림처럼요. 반대로 소녀가 받침점에서 멀리 가면, 두 소년보다 훨씬 더 무거운 것도 들어 올릴 수 있지요.

지렛대 원리는 많은 곳에서 쓰이고 있어요. 가위도 지렛대의 한 종류예요.

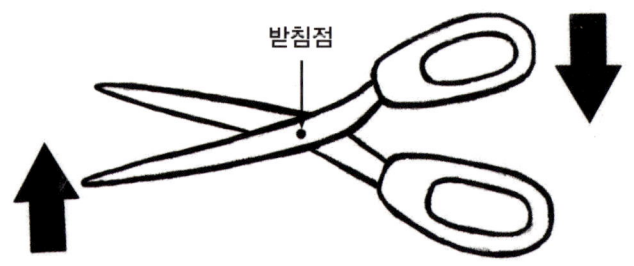

지렛대 실험

받침점을 움직이면서 무게가 다른 두 물체가 어떻게 균형을 이루는지 실험해 보세요.

준비물: 자, 표지가 딱딱하고 두꺼운 책, 100원짜리 동전 9개

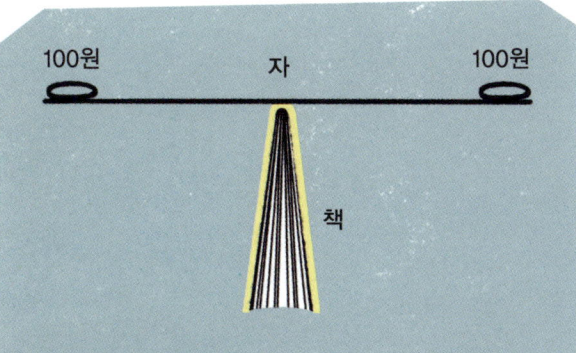

1. 자를 책 위에 올리고, 자의 양 끝에 100원씩 놓아 균형을 맞춰요.

2. 이제 자의 한쪽 끝에 100원을 더 올려요. 자가 균형을 이룰 때까지 자를 움직여요. 자가 균형을 이룰 때 자의 눈금을 표에 기록해요.

3. 400원, 600원, 800원으로 반복해서 실험하고 기록해요.

	거리(cm)
200원	
400원	
600원	
800원	

실험을 마쳤으면 스티커를 여기에 붙이세요.

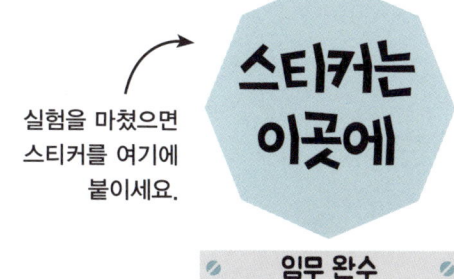

스티커는 이곳에

임무 완수

기계
엔지니어

도르래

도르래는 무거운 물건을 쉽게 들어 올리기 위해 만든 기계예요. 줄과 바퀴를 이용하지요. 도르래가 어떻게 작동하는지 살펴볼까요? 오른쪽 아래 그림을 보세요. 도르래의 한쪽 끝에는 무거운 짐이 달려 있고, 반대쪽에서는 누군가가 줄을 잡아당겨요. 그러면 무거운 짐이 위로 올라가요. 짐을 **위**로 직접 들어 올리는 것보다 줄을 **아래로** 당기는 것이 더 쉽겠지요? 이처럼 물건을 드는 방향을 바꾸어 주는 도르래를 고정 도르래라고 해요.

도르래를 이용해서 쉽게 물건을 들어 올릴 수 있는 방법이 또 있어요. 아래 그림을 보세요. 그림에 있는 도르래는 고정 도르래와 움직도르래가 함께 있는 복합 도르래예요. 복합 도르래처럼 도르래를 추가하면 할수록 힘은 적게 써요. 대신 끌어당기는 줄의 길이는 길어지지요. 어때요? 정말 멋진 기계지요?

도르래

무거운 짐   끌어 당기는

도르래가 많으면 코끼리도 들어 올릴 수 있어요!

간단한 도르래 만들기

준비물: 끈, 가위, 가운데가 비어 있는 원통형 실패, 접착테이프, 들어 올릴 물건

1. 원통형 실패 가운데에 끈을 끼워 통과시켜요.
2. 끈의 양쪽 끝을 각각 의자에 접착테이프로 붙여요. 끈이 팽팽해질 때까지 두 의자 사이를 벌려요.
3. 끈을 물건에 묶어요. 물건을 바닥에 놓고 원통형 실패 위로 끈을 감아요.
4. 이제 준비가 되었으니 도르래를 이용해 물건을 들어 올려 보세요.

도르래를 완성했으면 스티커를 여기에 붙이세요.

스티커는 이곳에

임무 완수

기계 엔지니어

바퀴를 굴려요

자동차 엔지니어는 자동차, 버스, 트럭처럼 엔진으로 움직이는 차를 설계하고 만들어요. 차를 움직이는 건 바로 바퀴예요.
바퀴는 공학의 위대한 발명품이지요.

바퀴는 축을 중심으로 회전해요.
이 축을 차축이라고 해요.
한쪽 차축은 자동차의 앞바퀴에 연결되고,
다른 차축은 뒷바퀴에 연결돼요.

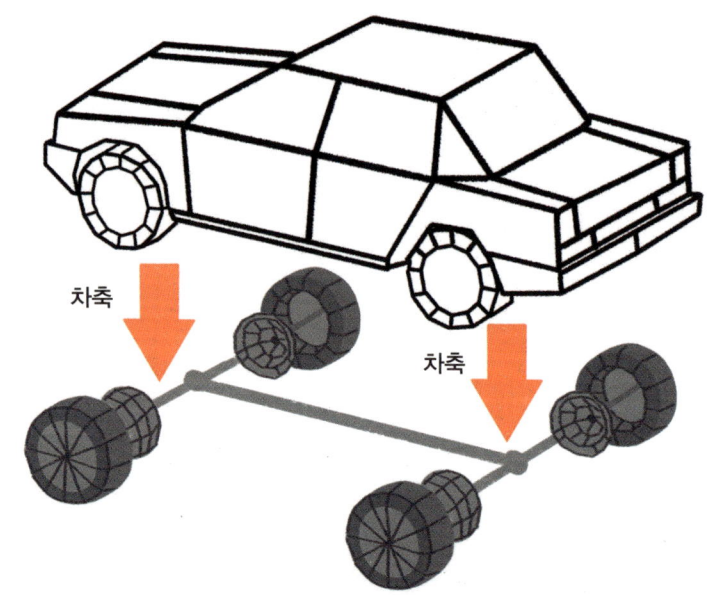

자동차 설계하기

준비물: 작은 직사각형 상자, 펜, 두꺼운 판지, 동그란 컵, 연필 두 개, 가위

1. 상자의 윗면을 삼등분하는 선 두 개를 그어요.
   가운데 칸에 약 1cm의 간격을 남기고 직사각형을 그려요.

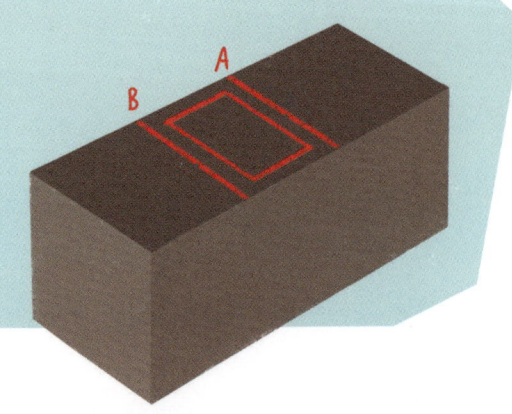

2. 초록색 선을 따라 상자를 잘라요.

3. 붉은색 선을 따라 접어요. 이제 보닛, 앞 유리, 그리고 트렁크가 만들어졌어요.

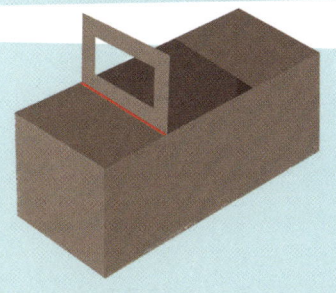

4. 동그란 컵을 이용해서 새로운 판지 위에 동그라미 네 개를 그리고 가위로 잘라요.

5. 동그라미의 가장자리를 검은색 펜으로 두껍게 칠해 타이어를 만들어요. 그다음, 타이어 중앙에 연필의 뾰족한 부분으로 구멍을 뚫어요. 다치지 않도록 조심하세요.

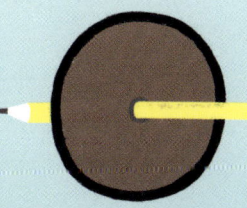

6. 상자의 양쪽 옆에 연필을 끼워요. 바퀴가 돌아가기에 적당한 높이인지 꼭 확인하세요.

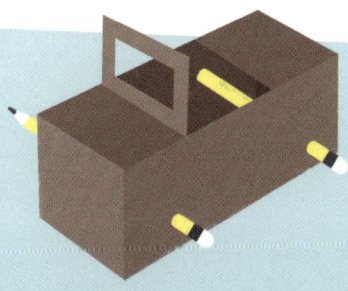

7. 바퀴를 차축에 끼워요. 이제 자동차를 움직여 보세요.

자동차를 완성했으면 스티커를 여기에 붙이세요.

스티커는 이곳에

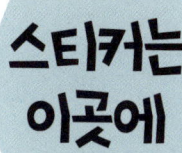

임무 완수

기계 엔지니어

기어

자동차, 트럭과 같은 차는 기어를 사용해요. 물론 자전거도 기어를 쓰지요. 자전거의 기어는 자전거를 더 쉽게 탈 수 있도록 도와줘요.
기어는 서로 크기가 다른 두 개의 톱니바퀴로 이루어져 있어요. 톱니바퀴는 뾰족한 이가 있는 바퀴예요.

자전거 기어는 어떻게 작동될까요?

자전거 기어는 톱니바퀴 두 개가 체인으로 연결되어 있어요. 앞 톱니바퀴는 페달에 연결되어 있고, 뒤 톱니바퀴보다 이가 두 배로 더 많아요. 앞바퀴가 한 번 돌면, 뒷바퀴는 두 번 돌지요. 그러니까 사람이 직접 힘을 써서 페달을 밟아 앞바퀴를 한 번만 돌리면, 뒷바퀴는 두 번 도는 거예요. 이렇게 기어를 이용하면 실제로 들이는 힘보다 더 빨리, 더 멀리 갈 수 있어요.

뒤 톱니바퀴가 크면?

뒤 톱니바퀴가 크면 작은 톱니바퀴보다 느리게 움직이는 대신 힘을 적게 써요. 오르막길을 올라갈 때, 뒤 톱니바퀴를 크게 하면 힘을 들이지 않고 올라갈 수 있어요.

뒤 톱니바퀴가 작으면?

뒤 톱니바퀴가 작으면 더 빨리 돌아가요. 내리막길을 내려갈 때처럼 빠르게 움직이고 싶을 때는 뒤 톱니바퀴를 작은 걸로 쓰면 돼요.

톱니바퀴 회전수 계산하기

기어를 살펴보고 페달을 한 번 밟을 때 뒤 톱니바퀴가 몇 번 돌아갈지 계산해 보세요.
뒤 톱니바퀴 이의 수로 페달 쪽에 있는 앞 톱니바퀴 이의 수를 나누어야 해요.
계산한 다음 아래에 있는 정답을 확인하세요.

◀ 정답 1-2, 2-3, 3-4

기계 엔지니어

엔진

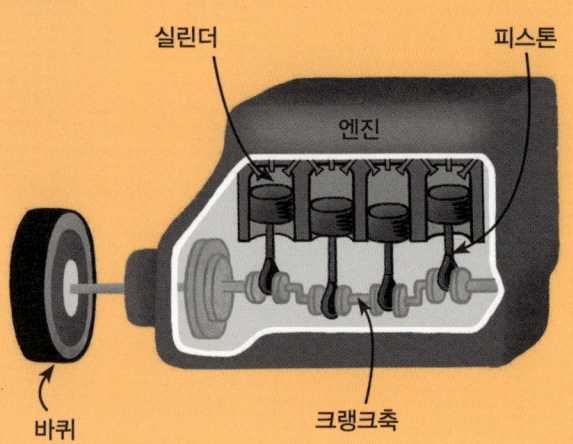

실린더 / 피스톤 / 엔진 / 바퀴 / 크랭크축

피스톤은 4단계로 움직여요

공기와 연료

1. 피스톤이 아래로 내려가면, 실린더 안쪽으로 공기와 연료가 들어와요.

2. 피스톤이 위로 올라가면, 공기와 연료는 위로 밀리면서 압력을 받아요.

3. 압력으로 생긴 불꽃이 공기와 연료를 폭발시키면, 그 힘을 받아 피스톤은 아래로 밀려나요.

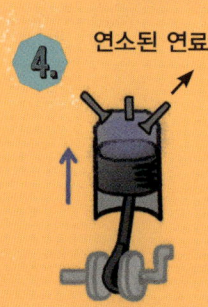

연소된 연료

4. 피스톤이 다시 올라오면서 연소된 연료를 밀어내요.

자동차의 가장 중요한 부분은 엔진이에요.
바퀴를 돌릴 수 있는 힘을 만들어 내거든요.
엔진에는 실린더 4개가 있어요.
실린더 안에서는 피스톤이 오르락내리락해요.
피스톤은 크랭크축에 연결되어 있어요.
피스톤이 위아래로 움직이는 상하 운동이
크랭크축의 회전 운동으로 바뀌어 바퀴를 돌려요.

엔지니어 정보

축하합니다! 기계 엔지니어 훈련을 마쳤어요.

기계 엔지니어 자격증

엔지니어 이름 :

위 사람은 지렛대와 도르래,
바퀴, 차축, 기어, 엔진에 대해 배웠습니다.
기계 엔지니어 자격을 드립니다.
그동안의 노력에 감사드립니다.

이제 멋진 기계 엔지니어가
될 수 있습니다!

자격증 취득 날짜 :

항공 우주 엔지니어

공기의 흐름

항공 우주 엔지니어는 비행기를 설계하고 만들어요. 비행기를 설계하려면 공기 역학을 잘 알아야 해요. **공기 역학**이란, 공기가 물체 주위를 어떻게 움직이는지 연구하는 학문이에요.

비행기는 어떻게 작동할까요?

비행기는 엔진에서 만든 힘에 의해 앞으로 나가요. 하지만 공기 저항 때문에 속도가 느려지지요. 그래서 비행기를 날씬하게 만들어서 공기 저항을 적게 받도록 해요. 공기가 부딪히는 면적을 작게 해서 속도가 느려지지 않게 하는 것이지요.

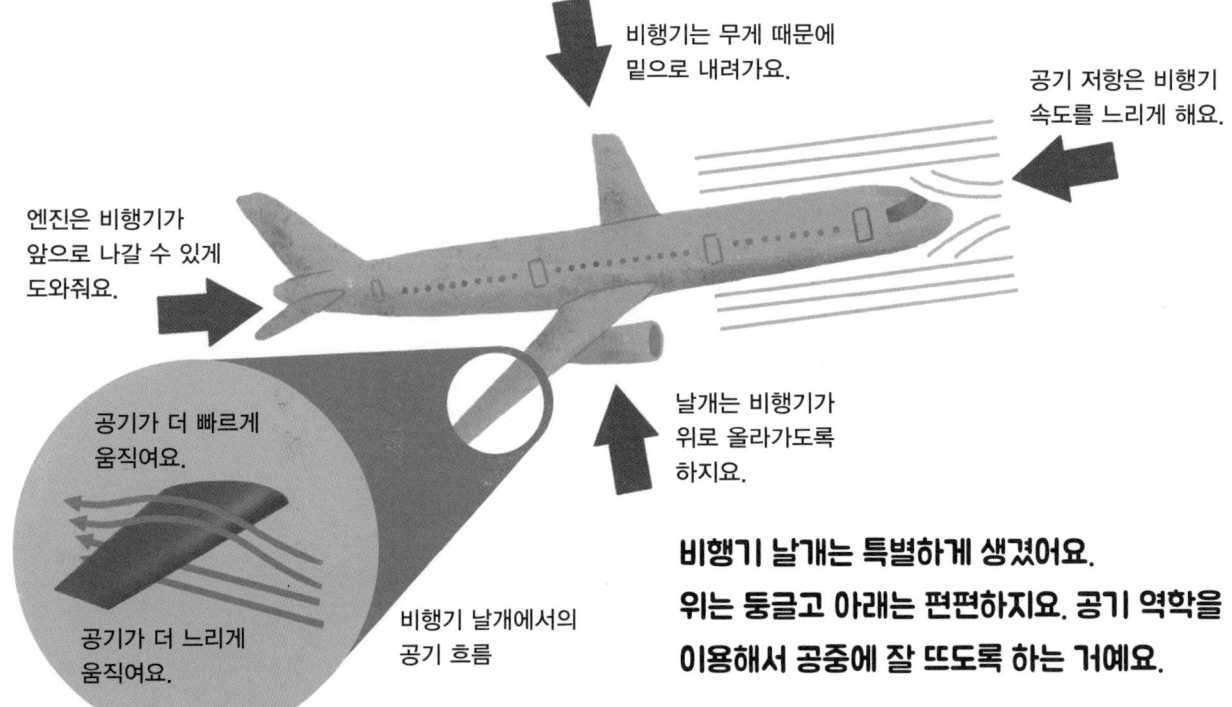

비행기는 무게 때문에 밑으로 내려가요.

공기 저항은 비행기 속도를 느리게 해요.

엔진은 비행기가 앞으로 나갈 수 있게 도와줘요.

날개는 비행기가 위로 올라가도록 하지요.

공기가 더 빠르게 움직여요.

공기가 더 느리게 움직여요.

비행기 날개에서의 공기 흐름

비행기 날개는 특별하게 생겼어요. 위는 둥글고 아래는 편편하지요. 공기 역학을 이용해서 공중에 잘 뜨도록 하는 거예요.

다트 비행기 만들기

준비물: A4 종이

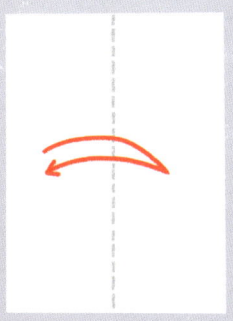

1. A4 종이를 길게 반으로 접었다 펼쳐요.

2. 두 모서리가 가운데 점선에서 만나게 접어요.

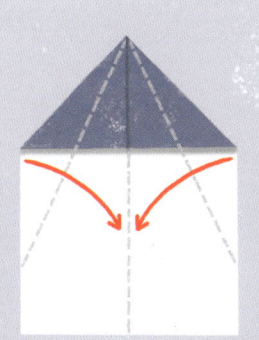

3. 접은 상태에서 두 모서리를 다시 가운데로 접어요.

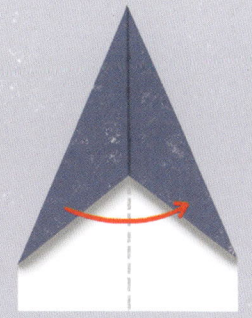

4. 가운데 점선을 따라 비행기를 반으로 접어요.

5. 비행기 날개를 점선을 따라 접어요.

6. 날개 끝을 점선을 따라 접어요. 다트 비행기가 완성되었어요!

다트 비행기는 다음 장에서 또 쓸 거예요. 망가지지 않도록 잘 보관하세요.

다트 비행기를 다 만들었으면, 스티커를 여기에 붙이세요.

스티커는 이곳에

임무 완수

콘도르 비행기

콘도르 비행기 만들기

콘도르 비행기는 넓고 납작한 모양이에요. 다트 비행기와는 다르게 생겼지요. 다 만들고 나면, 다트 비행기와 비교하는 시험 비행을 할 거예요.

준비물: A4 종이

1. A4 종이를 넓적하게 반으로 접었다 펼쳐요.

2. 두 모서리가 가운데 점선에서 만나게 접어요.

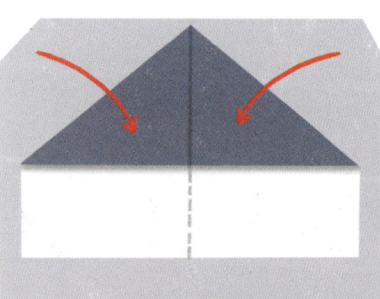

3. 뾰족한 끝을 아래쪽으로 향하게 하고 끝을 잘 맞추어 접어요.

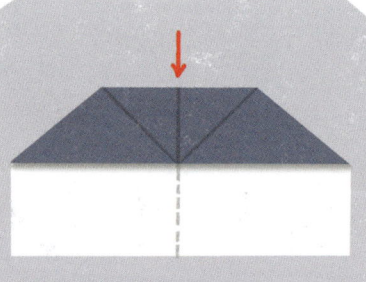

4. 왼쪽 모서리를 접어요. 접힌 곳의 폭이 2cm 정도 되어야 해요.

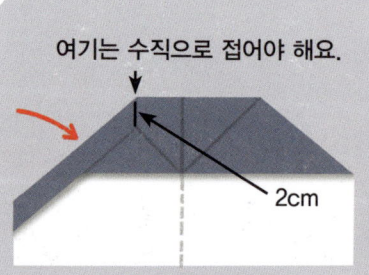

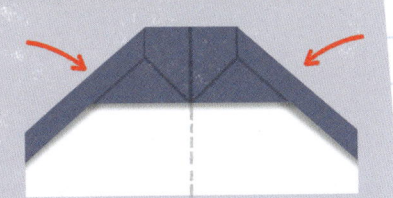

5. 다른 쪽도 똑같이 해요.

6. 이제 비행기를 반으로 접어요.

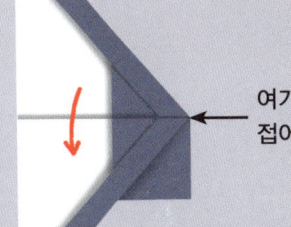

여기를 접어요.

7. 반으로 접은 상태에서 양쪽 날개가 그림처럼 만나도록 접어요.

8. 날개의 가장자리를 약 2cm 정도 접어요. 콘도르 비행기가 완성되었어요!

이제 두 비행기를 날려 보고, 어떤 비행기가 더 좋은 결과를 냈는지 비교해 봐요.

	다트 비행기	콘도르 비행기
어떤 비행기가 더 멀리 날았나요?		
어떤 비행기가 더 빨리 날았나요?		
어떤 비행기가 공중에 더 오래 있었나요?		

시험 비행 기록을 잘 살펴보면, 왜 제트 전투기가 날씬한지, 왜 글라이더가 넓적한지 이해할 수 있을 거예요.

시험 비행을 마쳤으면, 스티커를 여기에 붙이세요.

스티커는 이곳에

임무 완수

항공 우주 엔지니어

제트 엔진

항공기의 제트 엔진은 연료를 태워서 비행기를 앞으로 나가게 해요. 엔진 안에서 연료가 타면 가스가 나오는데, 비행기는 가스가 나오는 반대 방향으로 움직이지요.

제트 엔진이 연료를 연소시키면 뜨거운 가스가 비행기 뒤에서 분출돼요.

제트 엔진

제트 엔진

가스가 뒤로 분출되면서 비행기는 앞으로 나가요.

풍선 제트 엔진 만들기

비행기 엔진이 어떻게 작동하는지 알아보기 위해 풍선 제트 엔진을 만들어 볼 거예요.

준비물: 풍선, 구부릴 수 있는 빨대, 고무줄, 실험 도우미

1. 풍선을 분 다음, 실험 도우미에게 공기가 빠져나가지 않도록 풍선 입구를 꽉 붙잡아 달라고 부탁해요.

2. 풍선 입구에 빨대를 밀어 넣어요. 풍선을 계속 꼭 붙잡고 있어야 해요. 공기가 빠져나가면, 빨대로 다시 공기를 불어 넣어요.

3. 고무줄로 빨대와 풍선 입구를 단단히 묶어요.

4. 풍선 입구를 꽉 잡은 상태에서 빨대가 바닥과 수평이 되도록 풍선을 바닥에 놓아요. 공기가 빠져나가면서 풍선이 앞으로 움직일 거예요.

5. 이번에는 빨대를 옆으로 구부린 다음 실험을 반복해요. 아까와는 다른 방향으로 풍선이 움직일 거예요. 공기가 다른 방향으로 뿜어져 나갔기 때문이에요.

풍선 제트 엔진 실험을 마쳤으면, 스티커를 여기에 붙이세요.

스티커는 이곳에

임무 완수

항공 우주
엔지니어

발사!

우주 공학은 우주에서 사용할 기계를 설계하거나 시험하는 학문이에요. 항공 우주 엔지니어는 우주의 극한 기온을 견디면서 시속 수천 킬로미터의 속도로 다니는 기계를 만들어요. 뿐만 아니라 빠른 속도로 움직이는 우주 입자들의 타격에도 버틸 수 있는 우주선도 설계하지요.

로켓은 우주인이나 인공위성을 우주로 데려가요.

우주인이 머무는 **우주 정거장**은 지구 궤도를 돌아요.

지구 궤도를 도는 **인공위성**은 통신과 날씨를 예측해요.

태양계를 조사하기 위해 **탐사선**을 발사해요.

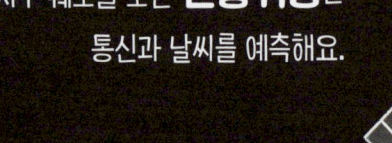

우주인들은 **우주 자동차**를 타고 달 주변을 여행해요.

엔지니어 정보

축하합니다! 항공 우주 엔지니어 훈련을 마쳤어요.

항공 우주 엔지니어 자격증

엔지니어 이름 :

위 사람은 공기 역학, 제트 엔진, 우주 공학에 대해 배웠습니다.
항공 우주 엔지니어 자격을 드립니다.
그동안의 노력에 감사드립니다.

이제 멋진 항공 우주 엔지니어가 될 수 있습니다!

자격증 취득 날짜 :

로봇 엔지니어

로봇

로봇 엔지니어는 로봇을 다뤄요. 로봇은 우리가 할 수 없거나 혹은 하고 싶어 하지 않는 일을 하기 위해 만들어진 기계예요. 예를 들어 화성 표면을 탐사하거나 공장에서 병에 뚜껑을 닫는 일을 하지요.

로봇 부분의 이름을 나에게 붙여 볼까요?

내가 로봇이라고 상상해 보세요. 내 몸 어디가 제어부, 기계부, 센서부에 해당할까요? 빈칸에 적은 다음 29쪽 아래에 있는 정답을 확인하세요.

나의 뇌는
_____

나의 눈과 귀는
_____

나의 팔과 다리는
_____

로봇의 부분

제어부: 로봇에게 무엇을 해야 할지를 알려 주는 곳

기계부: 물건을 만들거나 고치고, 옮기는 곳

센서부: 주변 환경을 인지하는 곳

최고의 로봇을 설계해요!

최고의 로봇을 설계해 보세요. 먼저 로봇에게 원하는 것이 무엇인지 적어요.
예를 들면, 함께 테니스하기, 숙제해 주기, 팝콘 만들기 같은 것 말이에요.
그 다음 로봇이 일을 하려면 무엇이 필요할지 적어요. 테니스 라켓이 달린 팔,
슈퍼컴퓨터처럼 똑똑한 뇌, 팝콘을 만드는 상자 같은 것이 필요하겠지요?
다 그린 다음 로봇에 제어부, 기계부, 그리고 센서부가 있는지 확인해요.

나만의 로봇을 설계했다면,
스티커를 여기에 붙이세요.

스티커는 이곳에

● 임무 완수 ●

정답 ▶ 뇌: 튤레부, 팔과 가: 기계부, 팝콘 만드는 기계부

로봇
엔지니어

로봇팔

로봇은 대부분 똑같은 물건을 반복해서 만드는 공장에서 일해요. 로봇은 사람보다 빠르고, 실수도 덜하고, 휴식 시간도 필요 없지요.

자동차 공장에서는 로봇이 아주 중요해요. 자동차를 만들 때, 로봇 여러 대가 생산 라인에서 다양한 임무를 해내거든요. 하지만 자동차를 설계할 수는 없어요. 자동차 설계는 엔지니어가 하지요.

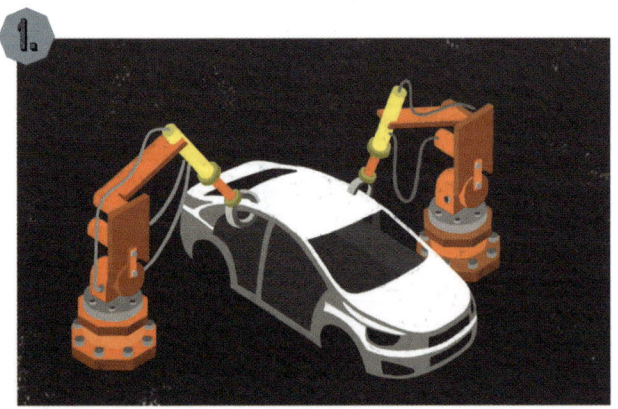

조립하기: 로봇이 자동차의 몸을 조립해요.

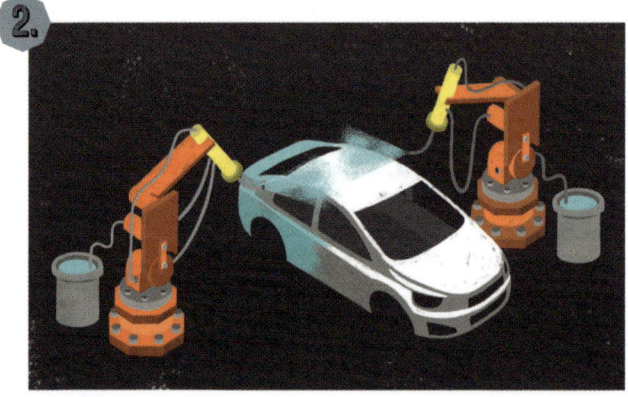

도색하기: 로봇이 자동차에 색을 칠해요.

마지막 임무: 사람이 자동차 조립을 마무리해요.

자동차 조립과 도색 작업에 사용되는 로봇팔은 로봇의 기계부에 해당돼요. 로봇이 하는 일이 무엇인지에 따라 로봇팔의 설계가 달라져요.

로봇 집게 팔 만들기

이제 로봇팔을 만들어 볼 거예요. 물건을 집어 올리는 데 사용할 수 있어요.

준비물: 15cm 길이의 자 두 개, 고무줄 두 개, A4 종이 한 장

1. A4 크기의 종이를 반으로 접어요. 약 4 cm 너비가 될 때까지 여러 번 접어요.

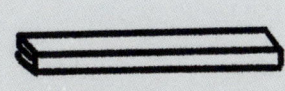

2. 접힌 종이를 둘둘 말아 두 개의 자 사이에 넣어요. 자 끝에서 약 4cm 떨어진 곳에 놓아야 해요.

3. 종이의 양 끝을 고무줄 두 개로 감아요.

4. 이제 로봇 집게 팔이 준비되었어요! 집고 싶은 물건에 집게를 대고 종이 윗부분을 눌러서 물건을 잡아요.

자가 없어도 걱정하지 마세요.
자 대신 막대기나 펜처럼 길고 얇은
물건이라면 무엇이든 사용할 수 있어요.
젓가락도 사용할 수 있으니 음식을 집는
로봇팔을 만들어 봐요.

로봇 집게 팔을 만들었으면
스티커를 여기에 붙이세요.

스티커는 이곳에

임무 완수

로봇 엔지니어

센서

로봇에는 다양한 센서가 있어요. 각 센서는 다음과 같은 역할을 해요.

시각 센서

큐리오시티라는 로봇은 화성을 탐사했어요. 이 로봇은 컴퓨터와 연결된 카메라를 이용해서 어떤 길로 갈지 결정했지요. 화성에서 지구로 영상을 보내는 데 시간이 걸리기 때문에 로봇 스스로 결정할 수 있도록 한 거예요. 만약 지구에 있는 관제사들이 로봇의 움직임을 결정했다면, 사진을 볼 때쯤에는 이미 로봇이 절벽 아래로 떨어졌을지도 몰라요.

열 센서

큐리오시티에는 행성의 온도를 측정할 수 있는 센서가 있어요. 이 센서는 바람의 속도, 방사능, 공기 중 액체의 양처럼 유용한 정보도 기록할 수 있어요.

소리 센서

소리 센서가 있는 로봇은 지시나 명령에 반응할 수 있어요. 예를 들어 소리 센서가 있는 장난감 로봇은 박수 소리를 들으면 걷고, 멈추라는 사람의 말을 들으면 멈출 수 있지요.

감각 센서

감각 센서가 있는 로봇은 힘을 조절할 수 있어요. 공장에서 일하는 로봇은 금속 물체를 단단하게 붙잡지만 유리 같은 재료는 깨지지 않도록 가볍게 쥐어요.

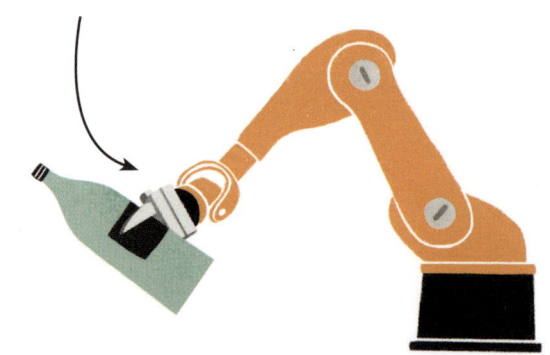

i 엔지니어 정보

축하합니다! 로봇 엔지니어 훈련을 마쳤어요.

로봇 엔지니어 자격증

엔지니어 이름 :

위 사람은 로봇의 제어, 기계 파트, 센서에 대해 배웠습니다.
로봇 엔지니어 자격을 드립니다.
그동안의 노력에 감사드립니다.

이제 멋진 로봇 엔지니어가 될 수 있습니다!

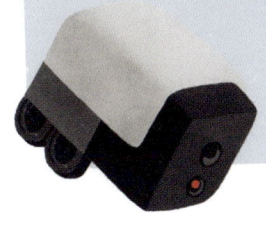

자격증 취득 날짜 :

에너지 엔지니어

가정에서 사용하는 전기

전기는 가장 중요한 에너지 중 하나예요. 전기를 사용하는 방식은 크게 두 가지가 있어요. 첫 번째 방식은 배터리를 사용하는 거예요. 핸드폰이나 장난감, 텔레비전 리모컨처럼 들고 다닐 수 있는 작은 물건에 사용해요. 두 번째 방식은 건물 안 전기 회로에 연결된 콘센트나 소켓에 꽂는 거예요.

전선은 대개 벽 뒤나 마룻바닥에 설치되고 콘센트나 소켓으로 이어져요.

전기는 집 안에 있는 전선이나 지하 배선을 통해 들어와요.

계량기는 전기를 얼마나 사용했는지를 알려 줘요.

전기는 잘못 사용하면 매우 위험해요.
전기가 사람 몸에 흐르는 걸 감전이라고 해요.
절대로 감전이 일어나지 않도록 주의해야 해요.
크게 다치거나 심하면 죽을 수도 있어요.

위험한 전기

아래 그림에는 여섯 개의 위험한 상황이 있어요. 어디가 위험한지 찾아 보세요. 정답은 64쪽에 있어요.

위험한 상황을 모두 발견했으면, 스티커를 여기에 붙이세요.

스티커는 이곳에

임무 완수

에너지 엔지니어

전기 회로

전기 회로는 전기가 흐르는 전선, 전기 장치, 전력 공급원을 연결한 길이에요. 전기는 전선을 따라 흘러요. 전선은 대개 구리로 만드는데 전기가 구리를 통해 쉽게 이동할 수 있기 때문이에요. 전선 겉은 감전을 방지하기 위해 전기가 통하지 않는 플라스틱으로 덮어요.

전기 장치는 전등이나 가전제품처럼 전기 에너지를 다른 에너지로 바꾸는 기계예요. 전력 공급원은 배터리나 소켓이고요.
전기 회로는 반드시 전력 공급원과 연결되어 있어야 하고 닫힌 회로여야 해요. 그렇지 않으면 작동되지 않아요. 아래 그림을 보세요.

전등을 켜요
스위치를 켜면 회로가 닫히고, 전기가 흘러 전등이 켜져요.

전등을 꺼요
스위치를 끄면 회로가 열리고, 전기 흐름이 멈춰 전등이 꺼져요.

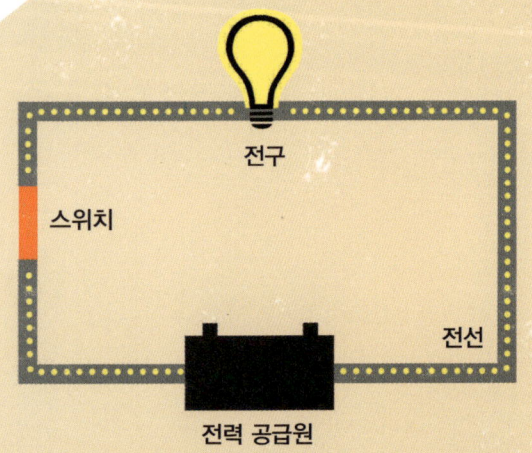

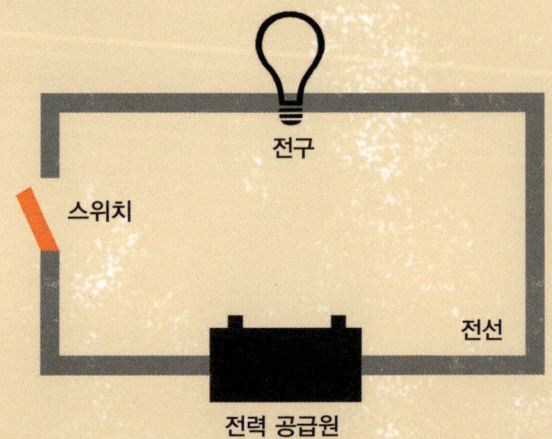

전기 공학 능력을 시험해 볼까요?

아래 네 개의 회로 중 두 회로의 전구에는 불이 들어올 거예요.
어떤 회로일지 찾고, 그 전구를 노란색으로 색칠해 보세요.
전등이 켜지려면 회로가 닫혀 있어야 한다는 것을 꼭 기억하세요.

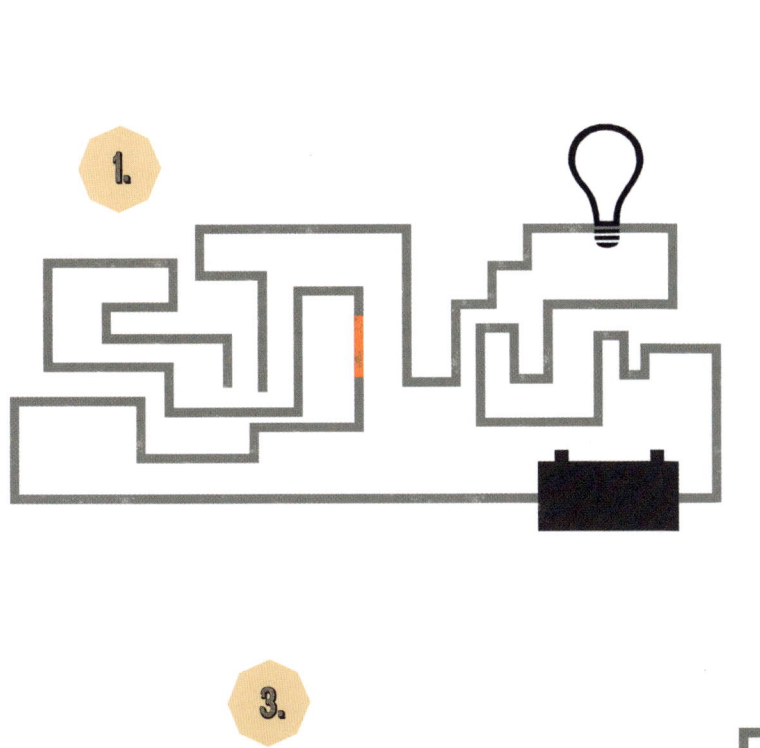

어떤 회로가 작동할지 찾았으면 정답을 확인하고, 스티커를 여기에 붙이세요.

스티커는 이곳에

임무 완수

정답 ▶ 2, 3

발전소

에너지 엔지니어

가정에서 사용하는 전기는 대부분 발전소에서 만들어져요. 케이블을 통해 각 가정으로 배달되지요. 케이블은 전선 여러 개를 안전하게 묶어 놓은 것을 말해요.
발전소에 따라 다양한 연료를 써요. 석탄이나 가스, 석유를 연료로 써서 전기를 만들거나 바람 또는 물의 힘으로 전기를 만들기도 해요. 연료는 달라도 전기를 만드는 방식은 모두 같아요. **발전기**를 움직이는 **터빈**을 돌려 전기를 만들지요.

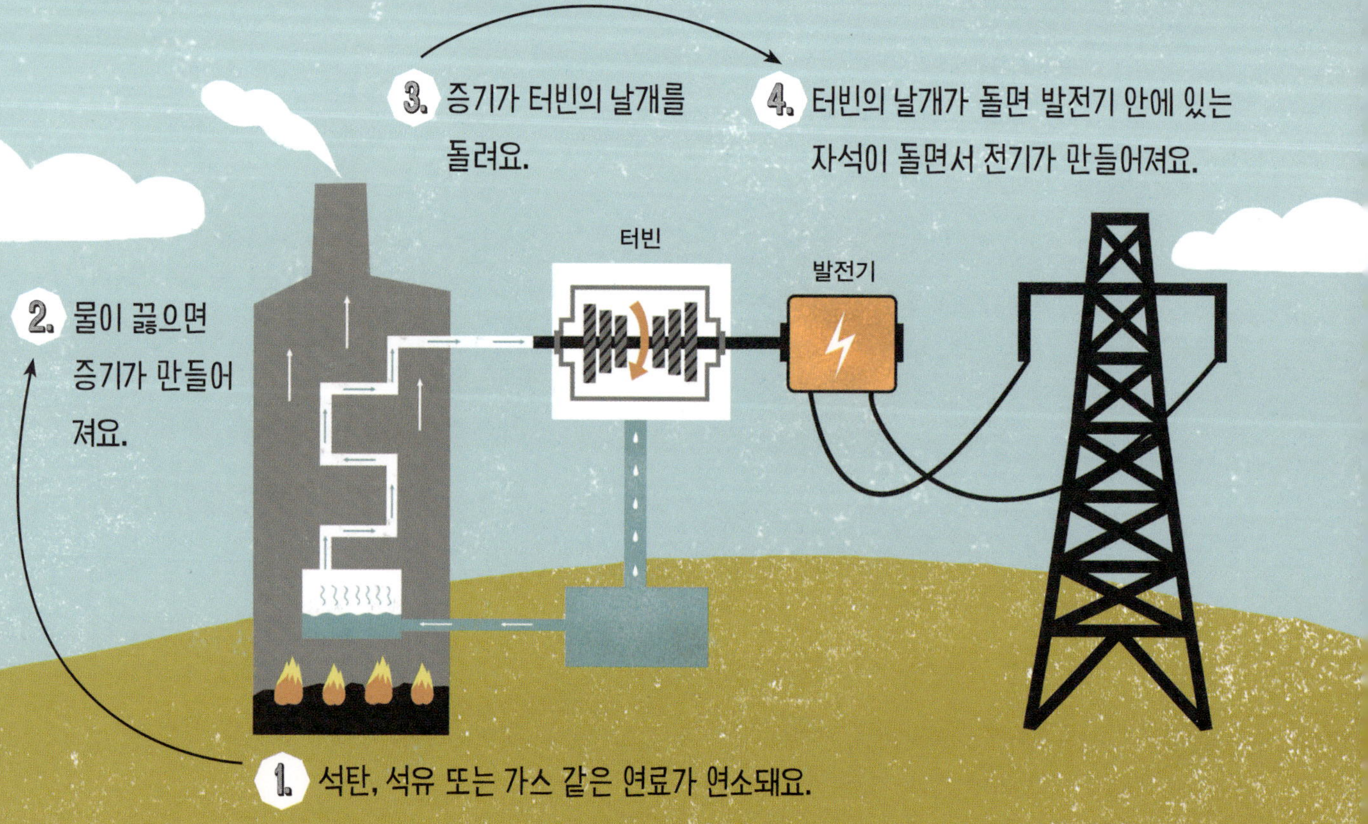

3. 증기가 터빈의 날개를 돌려요.

4. 터빈의 날개가 돌면 발전기 안에 있는 자석이 돌면서 전기가 만들어져요.

2. 물이 끓으면 증기가 만들어져요.

1. 석탄, 석유 또는 가스 같은 연료가 연소돼요.

전기란 무엇일까요?

원자는 우주의 모든 것을 이루는 아주 작은 물질이에요.
모든 것을 쪼개고, 쪼개고, 무한히 쪼개면 결국 원자라는 물질이 돼요.
원자는 핵과 핵 주변을 도는 전자로 이루어져 있어요.
전기는 전자가 한 원자에서 다른 원자로 이동하는 것을 말해요.

다시 사용할 수 있을까?

연료는 대부분 고갈되기 때문에 계속해서 쓸 수 없어요. 그런데 어떤 연료는 반복해서 사용할 수 있어요. 이런 연료를 재생 가능 에너지 공급원이라고 부르지요. 오른쪽에 있는 에너지 공급원 중 어느 것이 재생 가능할까요? 올바른 대답에 동그라미 하세요.

석탄	재생 가능	재생 불가능
바람	재생 가능	재생 불가능
가스	재생 가능	재생 불가능
물	재생 가능	재생 불가능
석유	재생 가능	재생 불가능

아래에 있는 정답을 확인하고, 스티커를 여기에 붙이세요.

스티커는 이곳에

정답 ▶ 석탄-재생 불가능, 바람-재생 가능, 가스-재생 불가능, 물-재생 가능, 석유-재생 불가능

● **임무 완수** ●

에너지 엔지니어

전기를 한눈에 살펴보아요

전기의 여행

부록에 있는 스티커를 붙여 전기의 여행을 완성하세요.
여행은 광산에서 시작해 TV에서 끝나요.

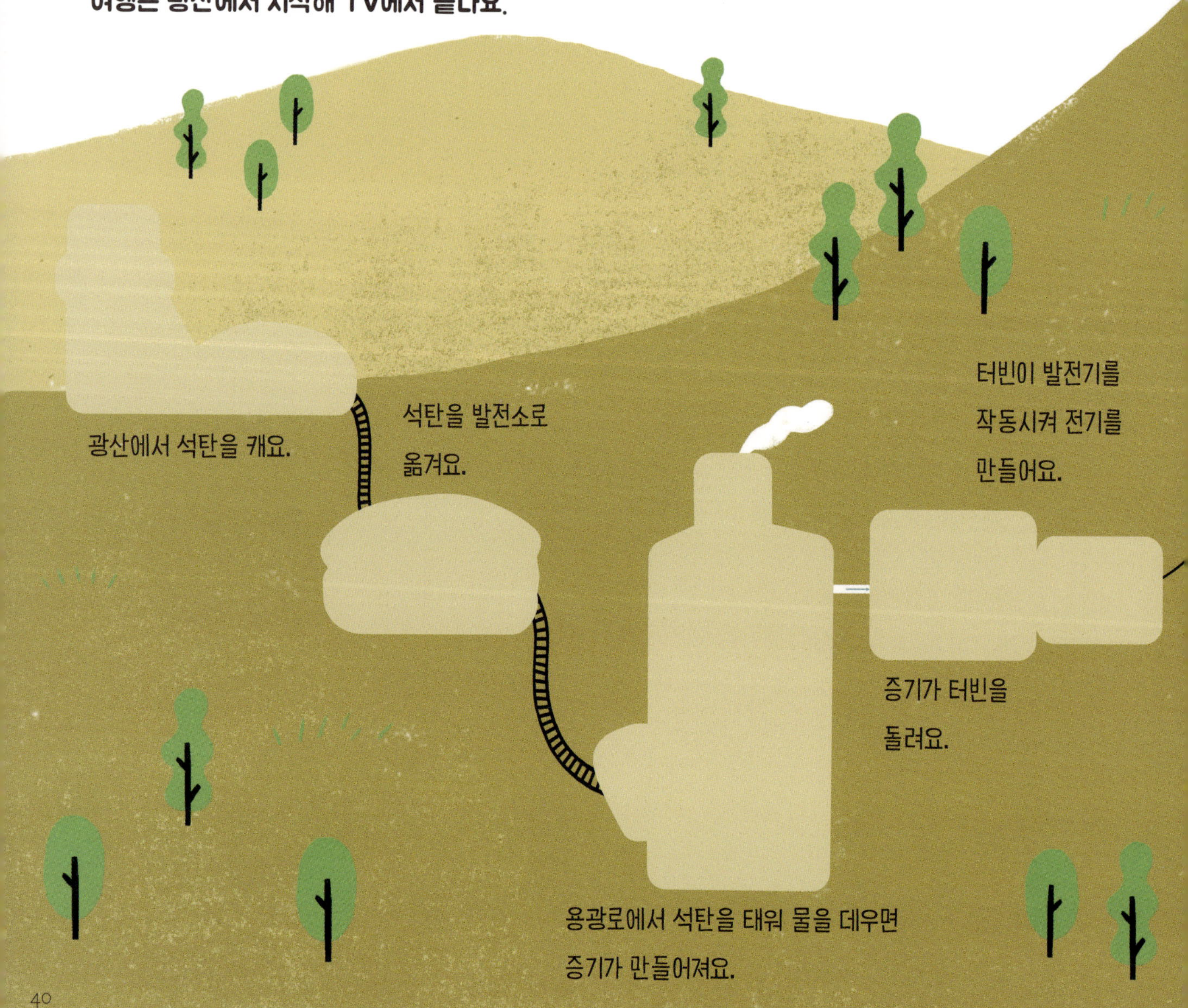

광산에서 석탄을 캐요.

석탄을 발전소로 옮겨요.

터빈이 발전기를 작동시켜 전기를 만들어요.

증기가 터빈을 돌려요.

용광로에서 석탄을 태워 물을 데우면 증기가 만들어져요.

에너지 엔지니어

광물 캐기

에너지를 만드는 첫 번째 단계는 연료 공급원을 찾아내는 거예요.
석탄을 연료로 쓰는 발전소라면, 먼저 지하에서 석탄을 캐야 하지요.

광산 엔지니어는 탄광을 설계하고, 안전하고 효율적으로 운영될 수 있도록 연구해요.
매우 어려운 일이지요. 왜냐하면 탄광은 지하 수백 미터 아래에 있거든요.
터널이 너무 길기 때문에 광부들은 사람을 실어 나르는 차인 인차를 타고
광물을 캐는 장소인 막장에 가야 해요.

광산 엔지니어는 광산 안에서 바위가 무너지거나 물이 새는지 꼼꼼하게 확인해야 해요.
지하 가스 때문에 화재나 폭발이 일어날 수도 있거든요.

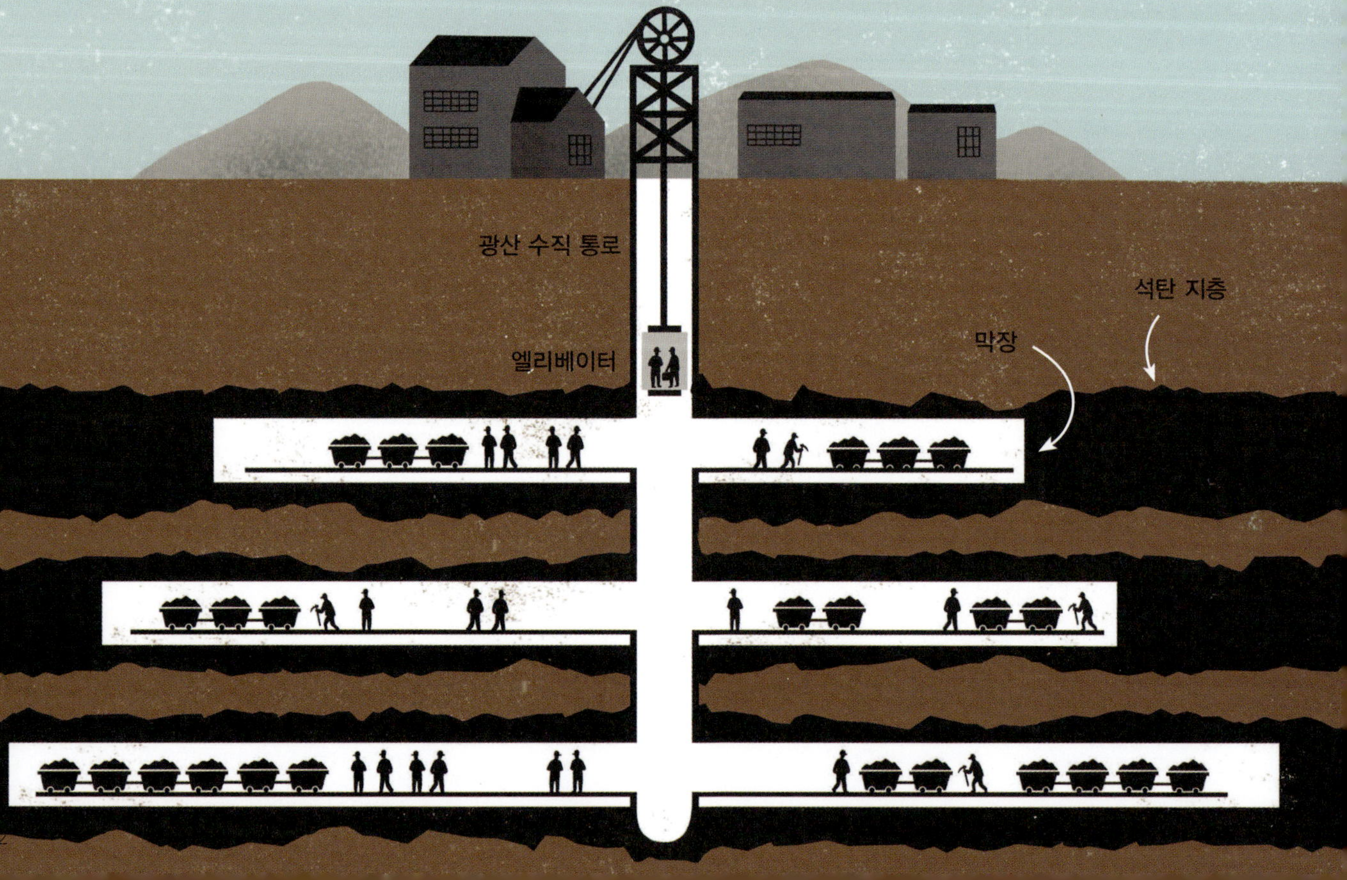

광산 수직 통로

엘리베이터

막장

석탄 지층

문제 해결 능력 기르기

엔지니어는 문제 해결 능력이 좋아야 해요. 한번 연습해 볼까요?
광부가 막장을 잘 찾아갈 수 있도록 도와주세요. 길을 따라 나타나는 광산 붕괴, 침수, 가스 누출의 위험을 잘 피해야 해요.

막장에 무사히 도착했다면, 스티커를 여기에 붙이세요.

스티커는 이곳에

임무 완수

에너지 엔지니어

원자력

원자력 발전소는 원자핵이 분열될 때 나오는 에너지를 이용해 전기를 만들어요. 주로 우라늄이라는 금속 원자를 연료로 쓰지요. 우라늄의 핵이 분열하는 곳은 원자로예요. 원자로 안에서는 우라늄 핵분열이 끊임없이 일어나요. 첫 번째 우라늄의 핵이 분열되면, 핵분열 과정에서 만들어진 물질이 다른 원자핵을 분열시키고, 이 과정에서 만들어진 물질이 또다시 다른 원자핵을 분열시켜요. 이것을 **연쇄 반응**이라고 불러요. 도미노 게임이나 구슬치기와 비슷해요. 하지만 게임과 달리 원자로의 연쇄 반응은 계속해서, 끊임없이 일어나요!

우라늄 원자핵을 분열시키면 엄청난 양의 에너지가 나와요.
이 에너지로 물을 끓여서 증기를 만들지요.
증기가 터빈을 움직이면, 발전기가 전기를 만들어요.

원자력 엔지니어는 원전이 안전한지,
그리고 위험한 방사능 폐기물이 안전하게
처리되고 있는지를 확인해야 해요.

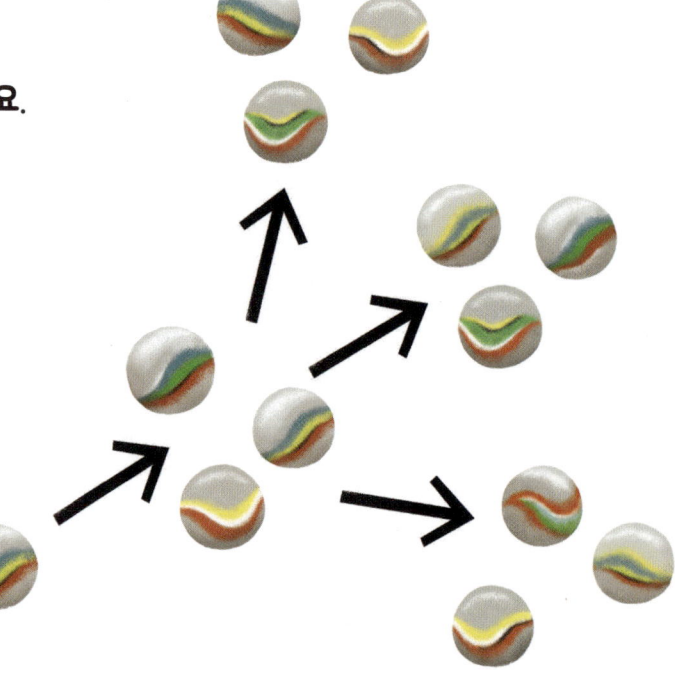

엔지니어 정보

축하합니다! 에너지 엔지니어 훈련을 마쳤어요.

에너지 엔지니어 자격증

엔지니어 이름 :

위 사람은 전기, 회로, 터빈, 발전기, 발전소, 광산, 원자력에 대해 배웠습니다. 에너지 엔지니어 자격을 드립니다. 그동안의 노력에 감사드립니다.

이제 멋진 에너지 엔지니어가 될 수 있습니다!

자격증 취득 날짜 :

대체 에너지 엔지니어

바람의 힘을 이용한 풍차

대체 에너지 엔지니어는 고갈되지 않고 다시 쓸 수 있는 에너지, 즉 대체 에너지를 연구해요. 바람이나 파도, 태양열 같이 계속해서 쓸 수 있는 에너지를 개발하는 것이지요. 아무리 많이 써도 항상 넉넉히 있는 것들 말이에요.

대체 에너지 중 바람은 아주 오래전부터 이용되었어요. 주로 바람으로 풍차를 돌려 곡식을 갈았지요. 풍차가 어떻게 곡식을 가는지 한번 살펴볼까요?

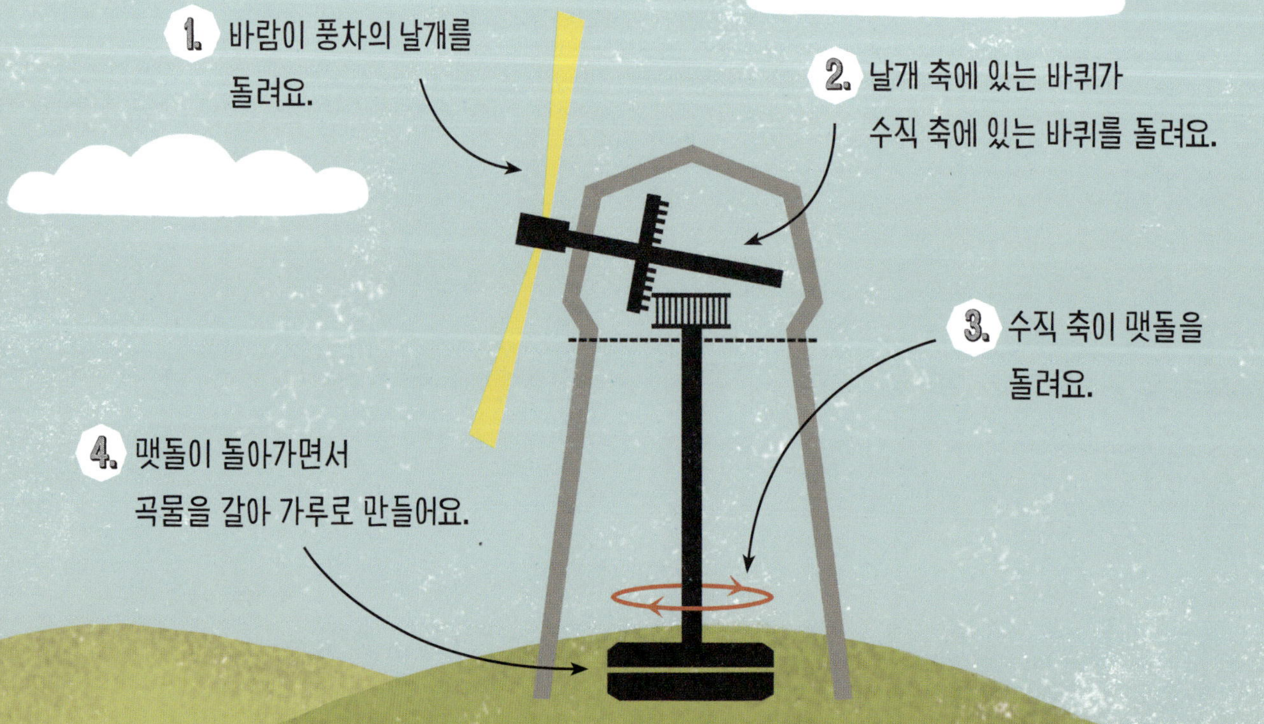

1. 바람이 풍차의 날개를 돌려요.

2. 날개 축에 있는 바퀴가 수직 축에 있는 바퀴를 돌려요.

3. 수직 축이 맷돌을 돌려요.

4. 맷돌이 돌아가면서 곡물을 갈아 가루로 만들어요.

입체 풍차 만들기

책의 날개에 입체 풍차 모형이 있어요. 모형을 뗀 다음, 아래 설명을 보고 입체 풍차를 만들어 보세요.

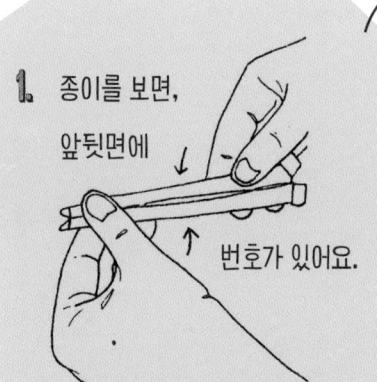

1. 종이를 보면, 앞뒷면에 번호가 있어요. 기둥 앞면 ①번과 뒷면 ①번이 닿도록 붙여요. ⑤번까지 똑같이 붙여요.

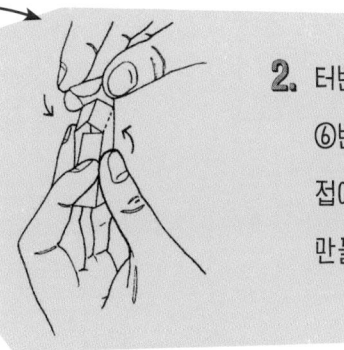

2. 터빈의 머리 부분을 만들기 위해 앞뒷면의 ⑥번끼리 붙여요. 각각의 끝부분을 안쪽으로 접어 직사각형 모양으로 살짝 기울어진 상자를 만들어요. 가운데에 있는 네모난 구멍도 떼요.

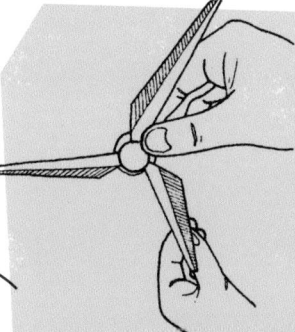

3. 번호가 같은 부분끼리 잘 붙이면서 뒤쪽 허브에 날개를 연결해요. 앞쪽 허브와 뒤쪽 허브를 붙여요. 그러면 날개는 허브들 사이에 있을 거예요.

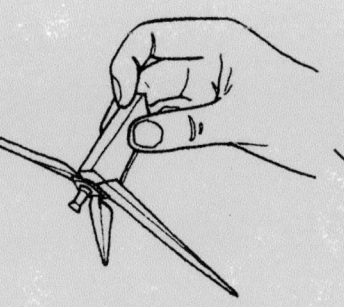

4. 허브와 날개 중심에 구멍을 낸 다음, 머리 부분에 침핀으로 고정시켜요. 침핀에 찔리지 않도록 조심하세요.

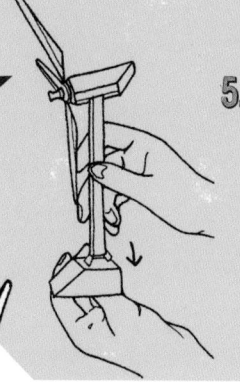

5. 이제 풍력 터빈 조각들을 이어요. 막대의 맨 윗부분을 머리 아랫면에 끼우고, 막대의 아랫부분을 받침돌에 끼워요.

입체 풍차 모형을 다 만들었으면 스티커를 여기에 붙여요.

스티커는 이곳에

임무 완수

대체 에너지 엔지니어

물의 힘을 이용한 물레방아

사람들은 수천 년 동안 물의 힘, 수력을 이용해 왔어요. 물레방아는 수력을 이용한 대표적인 기계예요. 물레방아는 대개 물살이 빠른 개울가에 있어요. 그래야 바퀴를 빨리 돌릴 수 있으니까요. 물레방아도 풍차처럼 곡식을 빻는 데 쓰였어요. 쇠를 갈거나 바위를 부술 때도 쓰였지요. 물레방아가 어떻게 물의 힘을 이용하는지 한번 살펴볼까요?

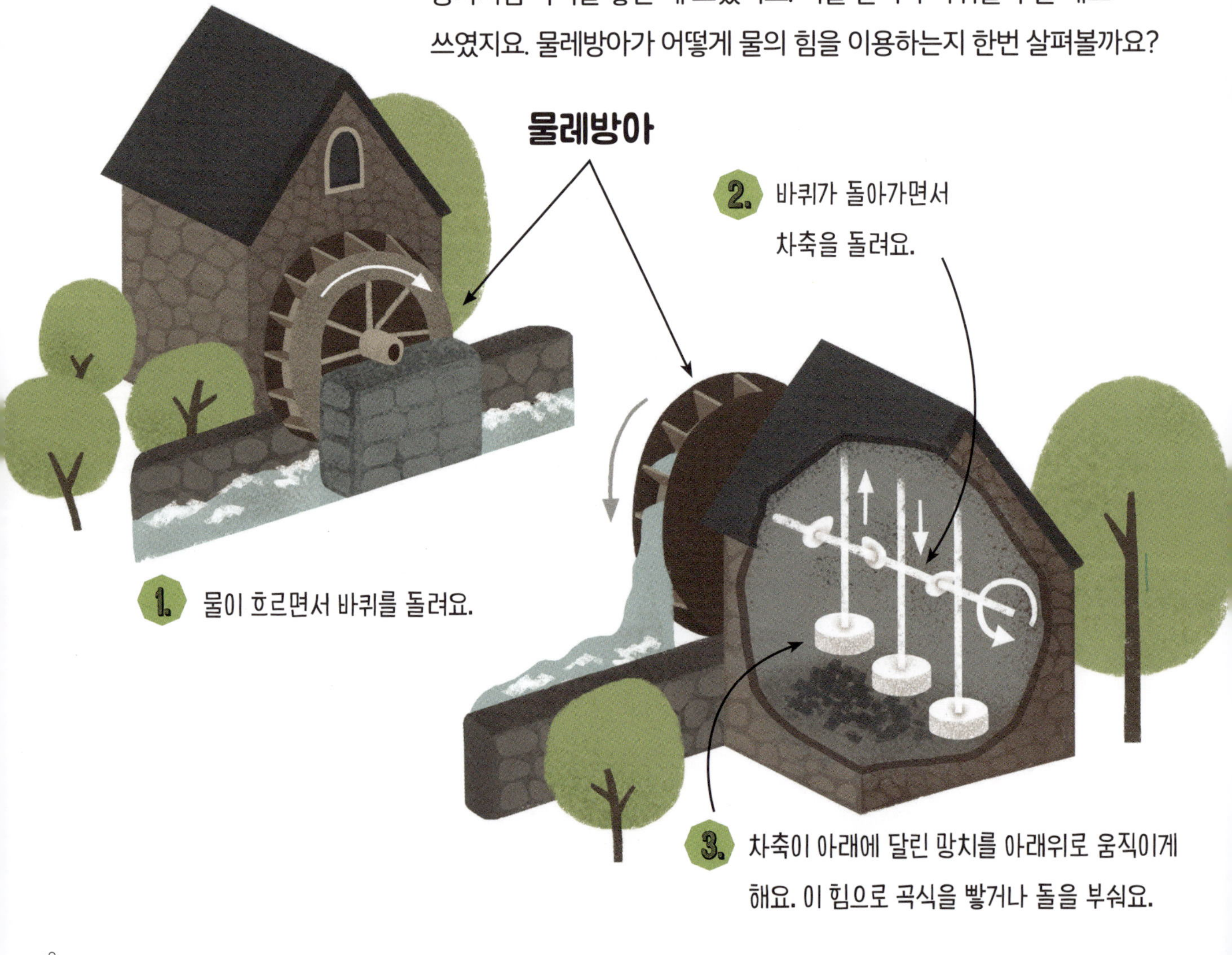

물레방아

1. 물이 흐르면서 바퀴를 돌려요.

2. 바퀴가 돌아가면서 차축을 돌려요.

3. 차축이 아래에 달린 망치를 아래위로 움직이게 해요. 이 힘으로 곡식을 빻거나 돌을 부숴요.

물레방아 만들기

준비물: 커다란 종이 접시 2개, 작은 종이컵 여러 개, 접착테이프, 풀, 가위, 빨대, 줄, 들어 올릴 물건, 막대기 두 개, 물

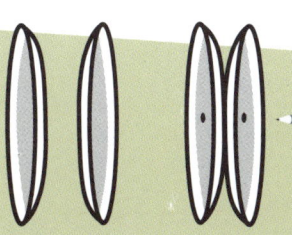

1. 종이 접시 두 개를 뒤로 맞대고 접착테이프나 풀로 고정시켜요. 다 붙인 다음 연필로 접시 가운데에 구멍을 뚫어요.

2. 접시 둘레에 종이컵을 같은 방향으로 돌려가며 붙여요. 접시의 둘레를 컵으로 둘러쌀 만큼 종이컵 여러 개를 붙여요.

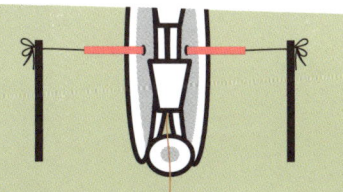 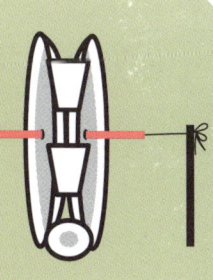

3. 접시 가운데 구멍에 빨대를 밀어 넣고 빨대 사이로 실을 끼워요. 양쪽에 막대기를 세우고 실을 고정시켜요. 막대의 높이는 물레방아 높이의 절반 이상이 되어야 해요.

4. 줄에 작은 물건을 묶고 접시 사이에 붙여요.

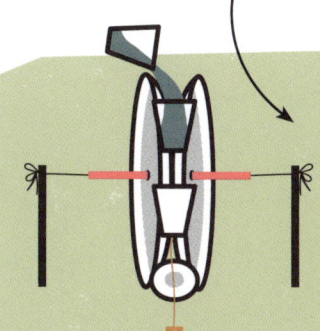

5. 물을 종이컵에 부어요. 컵에 물이 차면 물레방아가 돌면서 물건을 들어 올릴 거예요.

물레방아로 물건을 들어 올리는 데 성공했으면, 스티커를 여기에 붙이세요.

스티커는 이곳에

● **임무 완수** ●

대체 에너지 엔지니어

오늘날의 풍력과 수력

풍력과 수력은 지금도 많이 쓰이고 있어요. 곡물을 가는 대신 거대한 터빈을 돌려 전기를 만들지요. 앞으로 점점 더 많은 풍력 발전 단지가 땅과 바다 위에 건설될 거예요.

수력 발전소는 물의 운동을 이용해 전기를 만들어요. 댐이 대표적이에요. 바람과 마찬가지로 물은 절대 고갈되지 않는 에너지 공급원이지요.

풍력 터빈

바람은 터빈의 날개를 돌려요. 터빈의 날개가 돌아가면서 발전기가 작동되고, 전기가 만들어지지요.

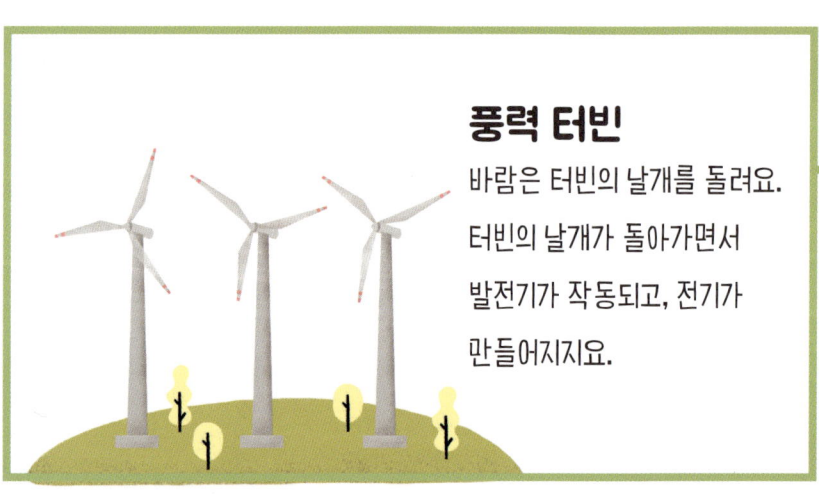

수력 발전소

수력 발전소는 밑으로 떨어지는 물을 이용하기 위해 높은 곳에 지어요. 물을 댐에 모아 두었다가 아래쪽으로 흐르게 해서 터빈 날개를 돌리지요. 터빈의 날개가 발전기를 작동시키면 전기가 만들어져요.

파력 발전소

파력 발전소는 파도의 힘을 이용해서 전기를 만들어요. 바다 위에 기계를 띄운 다음, 기계가 위아래로 움직이는 운동을 하면 그 힘을 이용해서 전기를 만들어요. 바다는 지구 전체의 1/3에 해당하기 때문에 잘 활용하면 가장 큰 에너지원이 될 수 있어요.

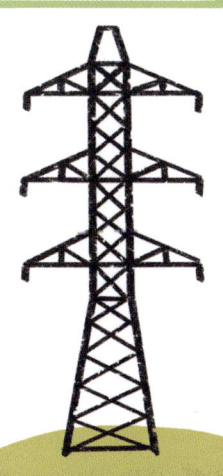

전기 케이블

풍력 터빈, 수력 발전소, 파력 발전소에서 만들어진 전기는 케이블을 통해 가정, 학교, 공장 등 필요한 곳에 전달돼요.

엔지니어 정보

대체 에너지 엔지니어

태양 에너지

태양은 전 세계의 모든 발전소가 만드는 에너지보다 더 많은 에너지를 지구에 보내고 있어요. 과학자와 엔지니어는 태양 에너지를 더 많이 활용할 수 있는 방법을 연구하고 있지요.

태양은 핵융합이라는 과정을 통해 에너지를 만들어요. 원자력 에너지와는 반대로 원자핵을 하나로 합치는 거예요. 태양 에너지는 가시광선, 자외선, 적외선 형태로 지구에 들어와요. 태양 전지판은 이 광선을 흡수해서 전기로 전환시키는 장치예요.

왜 태양 전지판은 항상 검은색일까요?

두 개의 얼음 조각을 햇빛에 놓아요. 하나는 검은색 종이 위에, 다른 하나는 하얀색 종이 위에 올려놓고 어떤 얼음이 더 빠르게 녹는지 살펴보세요.

준비물: 검은색 종이와 하얀색 종이, 얼음 조각 두 개, 맑은 날씨

검은색 종이에 올린 얼음 조각이 먼저 녹을 거예요.
왜냐하면 검은색은 태양 에너지를 더 잘 흡수하기 때문이에요.

스티커는 이곳에

실험을 마쳤으면, 스티커를 여기에 붙여요.

임무 완수

축하합니다! 대체 에너지 엔지니어 훈련을 마쳤어요.

대체 에너지 엔지니어 자격증

엔지니어 이름 :

위 사람은 바람, 물, 태양 에너지에 대해 배웠습니다.
대체 에너지 엔지니어 자격을 드립니다.
그동안의 노력에 감사드립니다.

이제 멋진 대체 에너지 엔지니어가
될 수 있습니다!

자격증 취득 날짜 :

재료 엔지니어

재료의 성질

재료 엔지니어는 금속, 플라스틱 등 여러 가지 재료를 연구해요. 새로운 재료를 설계한 다음, 얼마나 유용할지 시험도 하지요. 재료 엔지니어가 다루는 재료들은 다양한 성질을 가지고 있어요. 재료를 알맞게 쓰려면 재료의 성질을 잘 알고 있어야 해요. 강철로 유리창을 만들거나 양털로 배를 만들 수는 없으니까요.

아래에는 여러 가지 재료를 성질이 정반대인 것끼리 묶어 놓았어요.
잘 읽어 보고 재료의 성질을 익히고, 서로 다른 성질의 재료를 기억하세요.

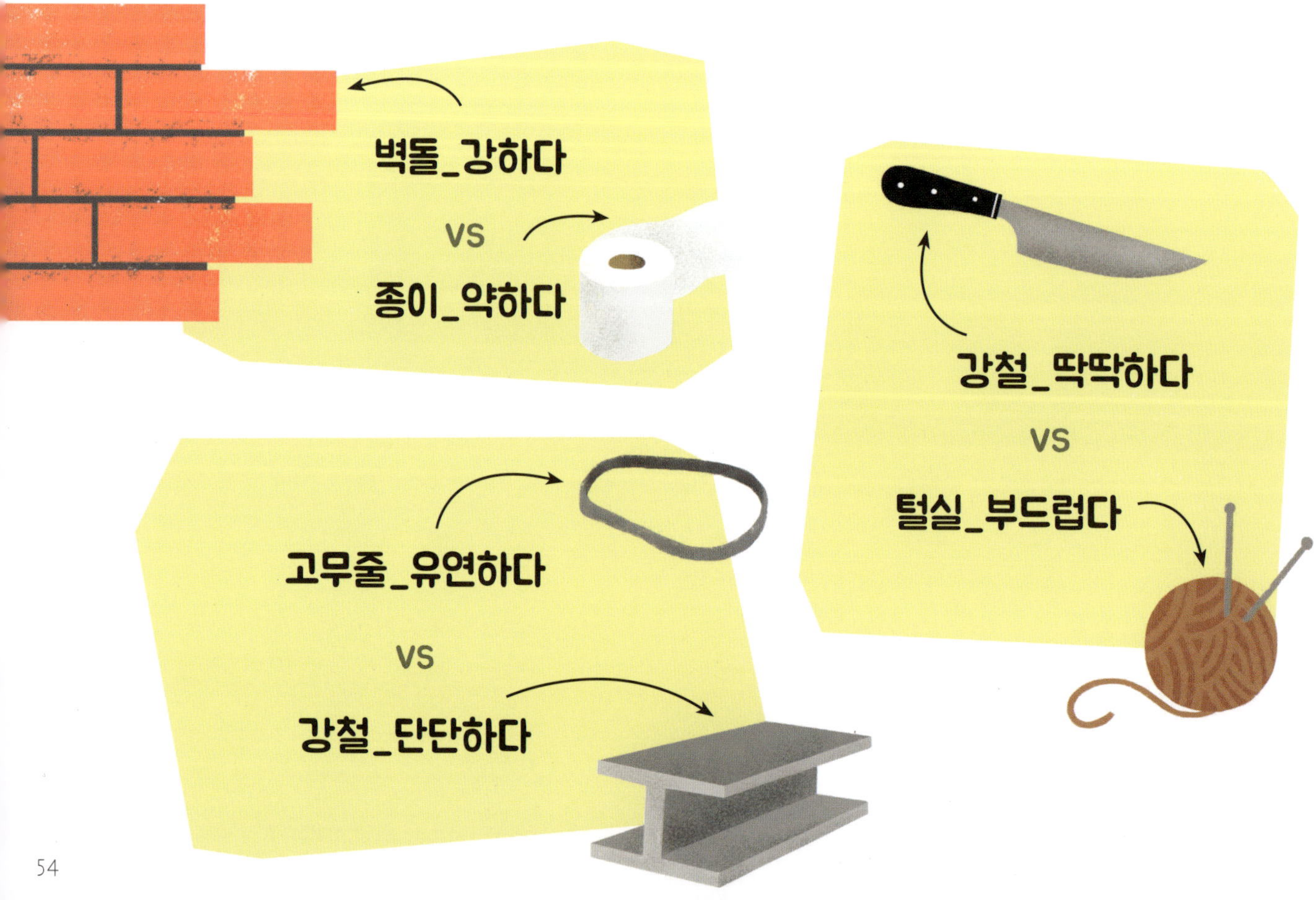

벽돌_강하다
vs
종이_약하다

강철_딱딱하다
vs
털실_부드럽다

고무줄_유연하다
vs
강철_단단하다

재료 엔지니어

여러 가지 금속

금속은 무척 단단해요. 하지만 종류에 따라 성질이 조금씩 다르기 때문에 용도가 다 달라요. 금속의 성질을 살펴볼까요?

강철

여러 가지 금속과 재료를 섞어 만들었어요. 철은 단단하지만 쉽게 깨지는 단점이 있어요. 철의 단점을 보완하기 위해 다른 금속이나 물질을 넣어서 강철을 만들었지요. 강철은 값이 싸고, 압력을 잘 견딜 수 있기 때문에 건축에 많이 쓰여요. 고층 건물을 지탱하는 거대한 금속 뼈대도 강철로 만들어요.

알루미늄

강철 무게의 1/3밖에 되지 않지만 무게에 비해 강해요. 그래서 비행기를 만드는 데 많이 쓰여요. 자전거에도 쓰이지요. 자전거 프레임을 알루미늄으로 만들면 가벼워서 더 빨리 달릴 수 있기 때문이에요. 또한 알루미늄은 녹슬지 않고, 가볍기 때문에 음료수 캔을 만들 때도 사용되지요.

텅스텐

높은 온도에도 녹지 않아요. 녹는점이 3,400℃로 매우 높거든요. 그래서 전구에서부터 로켓 엔진 부품에 이르기까지 높은 온도를 견뎌야 하는 곳에 많이 쓰여요. 그리고 텅스텐은 아주 단단해요. 강철보다 다섯 배 정도 단단하기 때문에 드릴이나 톱 같은 도구를 만들 때 쓰지요.

다양한 재료의 강도 조사하기

재료에 따라 강도가 달라요. 재료의 강도를 측정하는 한 가지 방법은 힘을 가했을 때 손상되지 않는지, 똑같은 모양이 유지되는지를 알아보는 거예요.
여러 가지 재료의 강도를 조사해 볼까요?

1. 아래 표를 보고, 힘을 가하면 부러지거나 모양이 변할 것 같은 재료에 X를 표시해요.
   예를 들어, 종잇조각을 찢을 수 있다고 생각한다면 그 칸에 X 표시하는 거예요.
2. 표를 다 채웠으면 각 재료들을 모아 표에 써 있는 대로 힘을 가해 보세요. 예상한 것과 같나요?

	찢기	늘리기	찌그러뜨리기	꺾기	구부리기
종이 (A4 종이)					
나무 (플라스틱)					
금속 (열쇠)					
플라스틱 (음료수 병)					
고무 (지우개)					

강도 실험을 마쳤으면,
스티커를 여기에 붙이세요.

임무 완수

재료
엔지니어

튼튼한 탑을 쌓아요

지금까지 여러 가지 재료의 성질과 강도를 살펴보았어요. 공학에서는 재료뿐만 아니라 설계 역시 중요해요. 설계가 얼마나 중요한지 종이로 탑을 쌓으면서 알아볼까요?

종이 탑 설계하기

세 가지 방법으로 종이 탑을 설계해 보세요. 여기에 몇 가지 예가 있지만 독창적이고 더 멋진 탑을 설계해도 좋아요. 단, 탑이 스스로 서 있어야 한다는 걸 잊지 마세요.

준비물: A4 종이 여러 장, 접착테이프, 가위, 줄자

1. 먼저 탑을 지탱할 수 있는 지지대를 만들어요.
종이의 긴 쪽을 돌돌 말아 원통을 만들고,
접착테이프를 붙여 고정시켜요.
지지대를 가늘고 단단하게 만들려면 종이를 꽉 조여 말아요.
반대로 두껍고 안정적인 지지대를 만들려면
종이를 느슨하게 말아요.

2. 여러 개의 지지대를 만들었으면 탑을 조립해요.
지지대의 윗부분을 A4 종이로 균형 잡아
탑의 면을 만들어요.
접착테이프로 면과 지지대를 붙여요.

3. 각각의 탑이 완성되면 줄자로 길이를 재서 아래 표에 기록해요.
어떤 탑이 가장 높은가요?

	탑 1	탑 2	탑 3
높이 (cm)			

탑을 다 설계했으면, 스티커를 여기에 붙이세요.

스티커는 이곳에

임무 완수

재료 엔지니어

마찰력

장난감 자동차를 바닥에 굴리면 쭉 미끄러지다가 멈출 거예요. 자동차가 멈춘 건 마찰력 때문이에요. 마찰력은 물체의 속도를 줄이거든요. 마찰력은 성질이 다른 두 표면이 부딪칠 때 생겨요. 장난감 자동차의 경우에는 자동차 바퀴와 바닥 사이에 마찰력이 생긴 거예요.

표면은 재료의 종류에 따라 성질이 달라요. 표면의 성질에 따라 마찰력도 다르지요. 예를 들어 얼음판은 마찰력이 작아서 잘 미끄러지지만, 거친 풀밭은 마찰력이 커서 잘 미끄러지지 않아요. 공기도 마찰력을 일으켜요. 공기의 마찰력을 다른 말로 공기 저항이라고 하지요.

재료 엔지니어들은 마찰력의 크기를 기계에 이용해요. 자동차에는 마찰력이 어떻게 이용되었는지 살펴볼까요?

* 타이어의 홈은 **마찰력을 증가시켜** 차가 미끄러지지 않게 해요.

* 자동차 엔진에 사용되는 기름은 서로 맞닿은 부분의 표면을 더 미끄럽게 만들어 **마찰력을 줄여요**. 기름이 없으면 엔진 부품이 마찰하면서 열을 발생시켜 엔진은 망가지고 말 거예요.

다양한 표면의 마찰력 실험하기

준비물: 연필, 장난감 자동차, 줄자

1. 장난감 차를 출발선에서 세게 밀어요. 카펫, 마루, 콘크리트, 타일처럼 다양한 표면에서 밀어 보세요. 되도록 같은 힘으로 차를 밀어야 해요.

2. 자동차가 얼마나 많이 나갔는지 줄자로 재고 표에 기록해요.

	카펫	마루	콘크리트	타일
거리 (cm)				

결과를 다 기록했으면, 스티커를 여기에 붙이세요.

스티커는 이곳에

● 임무 완수 ●

축하합니다! 재료 엔지니어 훈련을 마쳤어요.

재료 엔지니어 자격증

엔지니어 이름 :

위 사람은 마찰력과 재료의 속성에 대해 배웠습니다.

재료 엔지니어 자격을 드립니다.

그동안의 노력에 감사드립니다.

이제 멋진 재료 엔지니어가

될 수 있습니다!

자격증 취득 날짜 :

엔지니어 아카데미 졸업장

엔지니어 아카데미의 훈련 과정을 모두 마쳤어요.
**기계 공학, 항공 우주 공학, 로봇 공학, 에너지 공학,
대체 에너지 공학, 재료 공학**을 공부했고,
모든 과제를 잘 수행했어요.
이제 훌륭한 엔지니어가 될 수 있어요.

**지금부터 엔지니어 선서를 할 거예요.
엔지니어 선서문을 읽어 보세요. 다 읽고 난 다음,
선서를 꼭 지키겠다는 의미로 선서문 아래에 서명하세요.**

1. 항상 안전하게 작업하고 나와 주변 사람들이 다치지 않도록 하겠습니다.
2. 엔지니어 업무에 대해 충분히 이해하고 있는지 항상 점검하겠습니다.
3. 설계, 제작, 수리를 마친 후에는 완벽하게 마무리가 되었는지 반드시 확인하겠습니다.
4. 공학 공부를 지속적으로 하여 늘 새로운 공학 기술을 익히겠습니다.

여러분의 얼굴을 그리거나 사진을 붙이세요.

서명 : _____

부록

* 스티커   * 입체 풍차 모형 만들기   * 활주로 경주 게임
* 위대한 발명품 포스터

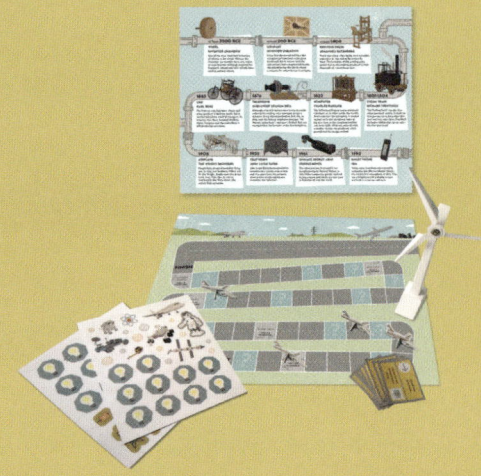

활주로 경주 게임 방법

* 이 게임은 활주로에 가장 먼저 도착한 사람이 이겨요.
* 게임은 출발 칸에서 시작하고, 주사위를 던져 나온 숫자만큼 앞으로 이동해요.
* 파란 광장에 도착하면 카드를 뽑고, 카드에 적힌 대로 해야 해요.
* 공구가 있는 칸에 도착하면 칸에 적힌 숫자가 나올 때까지 그 자리에 머물러야 해요. 숫자가 나오지 않으면 다음 사람 순서로 넘어가요.

정답

* 35쪽

1. 텔레비전 위에 꽃병이 있어요. 액체와 전기는 가까이 있으면 안 돼요.
2. 전등 위에 옷이 있어요. 잘못하면 화재가 날 수 있어요.
3. 전선들이 마룻바닥에 널려 있어요. 누군가 발이 걸려 넘어질 수 있어요.
4. 전선이 낡아서 끊어져 있어요.
5. 아기가 숟가락으로 콘센트를 건드리고 있어요.
6. 소년이 전기가 연결되어 있는 게임기를 송곳으로 찌르고 있어요.

* 43쪽

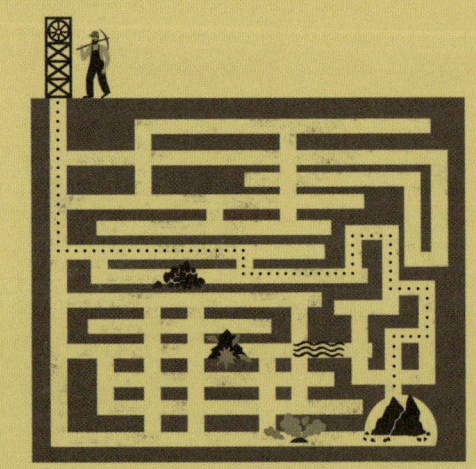

활주로 경주 게임 카드

게임말

게임말 스탠드

주사위

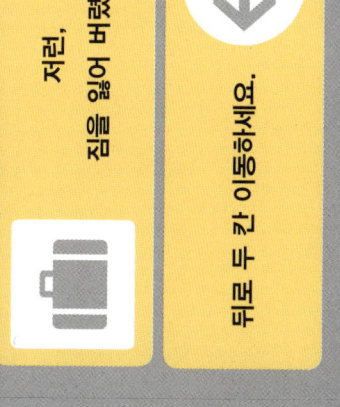

정시에 도착했네요.

앞으로 한 칸 이동하세요.

게임이 끝날 때까지 다른 사람들은 당신을 기장이라고 불러야 해요.

저런, 짐을 잃어 버렸네요.

뒤로 두 칸 이동하세요.

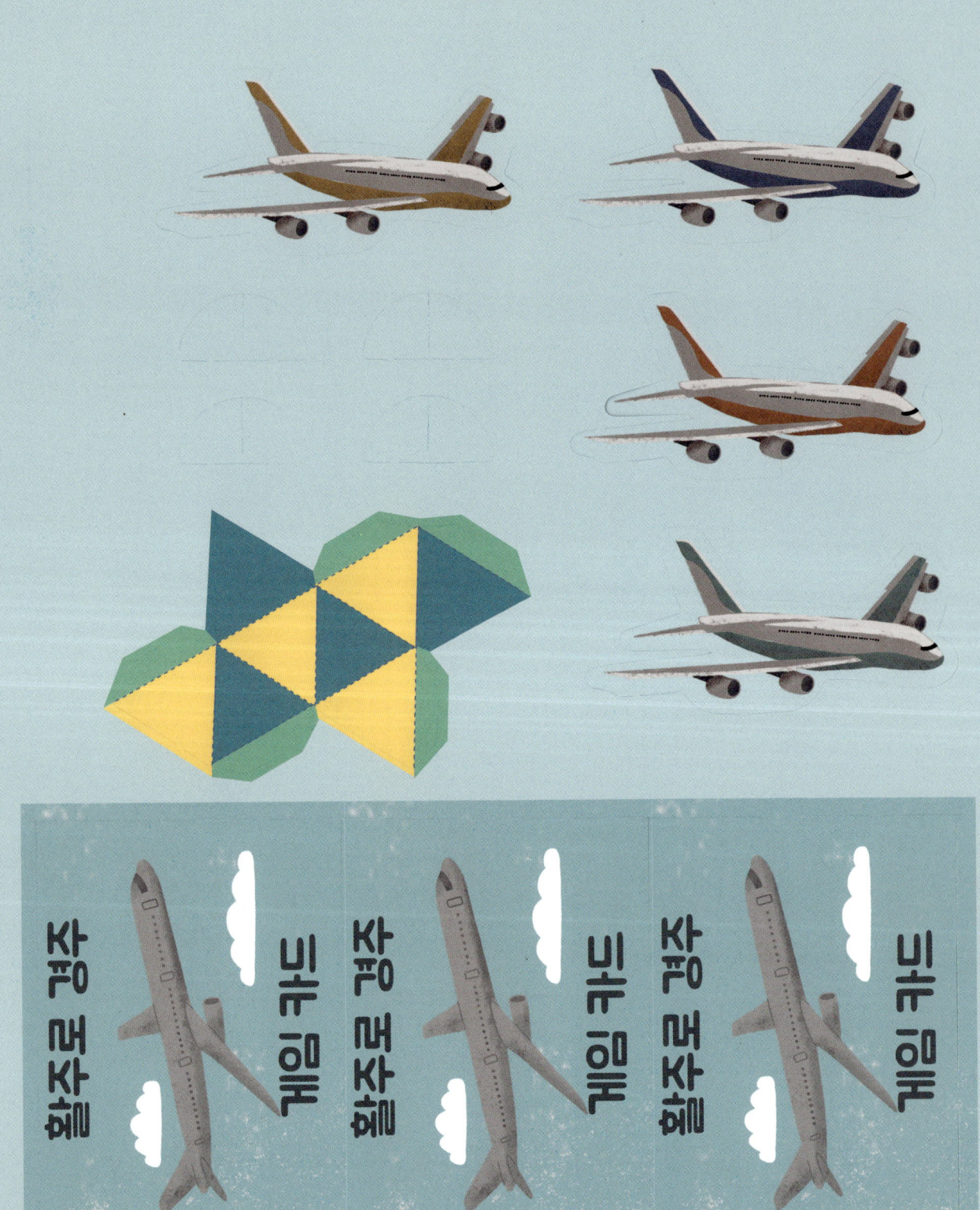

바퀴에서 끼익 소리가 나네요. 	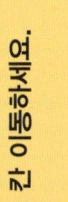 뒤로 세 칸 이동하세요.	비행기 점검이 끝나고 가장이 비행기에 탓어요. 	 다른 사람들은 모두 뒤로 세 칸 이동하세요.	계획보다 절르고 있군요. 	 앞으로 두 칸 이동하세요.
비행기 소리를 일 분 동안 내세요. 	승무원이 아직 탑승하지 않았네요. 	뒤로 두 칸 이동하세요.	비행기처럼 양팔을 펴고 일 분 동안 방 안을 돌아다니세요. 
아이고, 늦었네요.  뒤로 한 칸 이동하세요.	엔진이 심각하게 고장났어요. 출발 칸으로 이동하세요.	관제탑에서 비행을 허락했어요.   앞으로 세 칸 이동하세요.

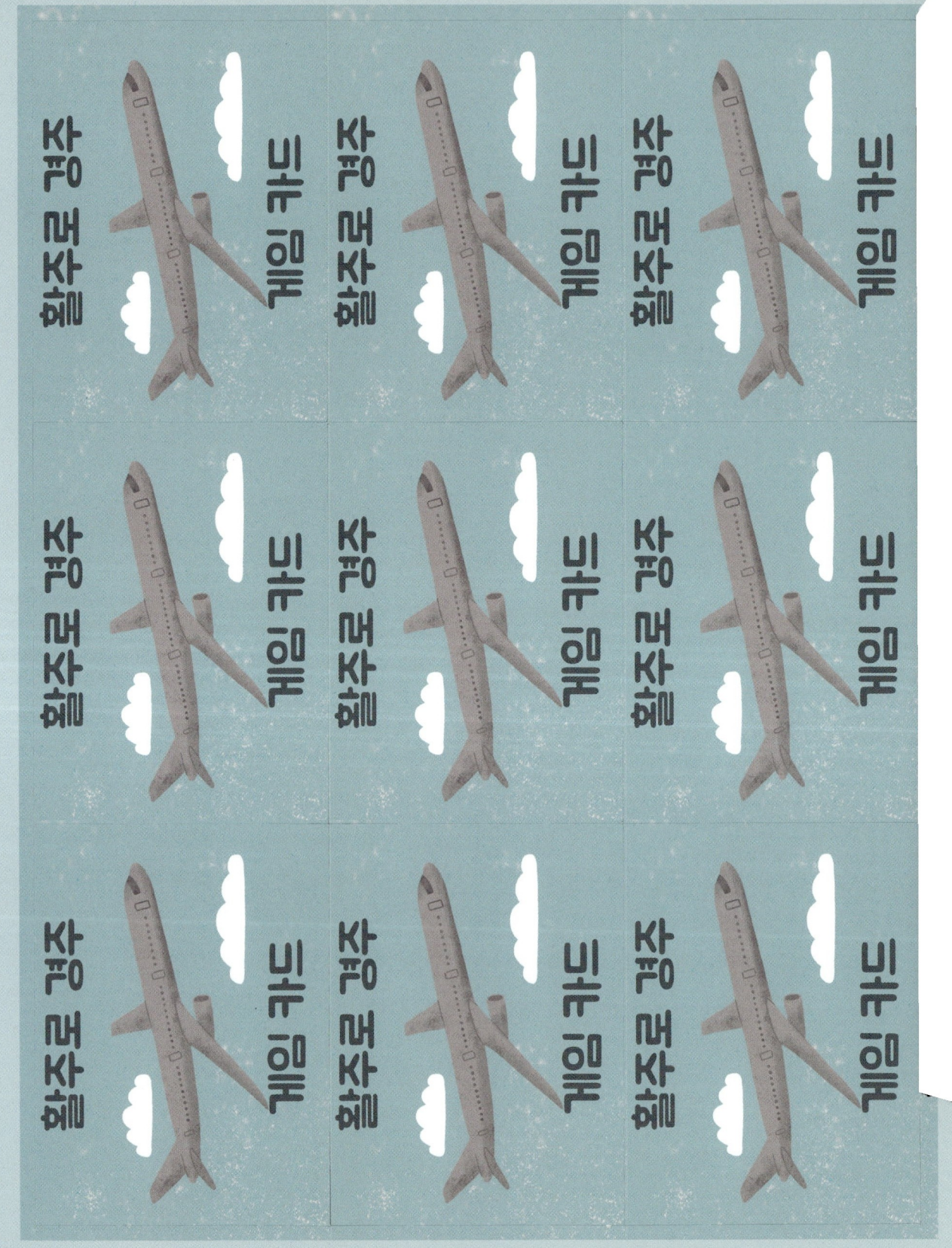